上海大学"一站式"学生社区综合管理成果系列丛书
丛书主编 聂 清

致青春 敬百年

——读《百年上大画传》有感

主编 孟祥栋 马成瑶 丁小苜

上海大学出版社

·上海·

图书在版编目(CIP)数据

致青春 敬百年:读《百年上大画传》有感/孟祥栋,马成瑶,丁小苴主编.—上海:上海大学出版社,2023.10
(上海大学"一站式"学生社区综合管理成果系列丛书)
ISBN 978-7-5671-4828-4

Ⅰ.①致… Ⅱ.①孟…②马…③丁… Ⅲ.①上海大学—概况 Ⅳ.① G649.285.1

中国国家版本馆 CIP 数据核字(2023)第 195572 号

责任编辑　盛国营
封面设计　柯国富
技术编辑　金　鑫　钱宇坤

致青春 敬百年
——读《百年上大画传》有感

孟祥栋　马成瑶　丁小苴　主编
上海大学出版社出版发行
(上海市上大路99号　邮政编码200444)
(https://www.shupress.cn　发行热线021-66135112)
出版人　戴骏豪

*

南京展望文化发展有限公司排版
上海新艺印刷有限公司印刷　各地新华书店经销
开本710 mm×1000 mm　1/16　印张12　字数161千
2023年10月第1版　2023年10月第1次印刷
ISBN 978-7-5671-4828-4/G·3542　定价　68.00元

版权所有　侵权必究
如发现本书有印装质量问题请与印刷厂质量科联系
联系电话: 021-56683339

前言：百年薪火相传　赓续红色血脉

百年正芳华，奋斗谱新篇。在风雨飘摇的1922年，为拯救民族危难，上海大学诞生于上海青云里。一大批革命先烈在这里倾注心血，孕育初生的红色革命种子，谱写辉煌的红色革命历史。薪火相传百年，红色血脉绵延不绝。新时代的上海大学深入学习贯彻习近平新时代中国特色社会主义思想，落实弘扬红色文化的重要指示精神，聚焦"中国共产党与百年上大""红色学府与红色文化"等主题，实施"校史工程"，推出"红色学府　百年传承"系列丛书，其中包括送给全体2022级本科新生的《百年上大画传》一书。一份份珍贵的影像照片、文档资料将上海大学的百年征程在读者眼前缓缓展开，将渺远的历史以图文相生的形式生动地串联起来。张张件件，是站在历史尽头回眸的惊鸿一瞥；字字句句，是支撑上大繁茂百年的根茎血脉。希冀上大学子在品读先烈峥嵘岁月、钩沉革命光辉历史中赓续上大红色血脉、传承上大百年薪火。

历遍千重山，回首是少年。同学们在阅读书籍后所写下的文字，承载着新生代对红色历史的珍重与敬意。"愿以寸心照华夏，且将岁月赠山河""瞭望百年征途，共赴似锦前程""百年峥嵘，星火不灭"……跨越百年时空，这是一场"新青年"之间永不过时的对话，值得每一位上大学子倾耳聆听；也是一趟永未完成的征途，激励着英勇志士奔赴星辰大海。细数往昔，书信与笑颜闪耀微光；华美赞歌，传颂英雄不朽精神；强国之志，誓言前路上下求索；诚挚与朝气并发，恍若先辈少年风华；梦想与行动相存，应如当年无问西东。

百岁学堂，熔铸青春热血。上海大学建校之初就将"养成建国人才，促进文化事业"作为宗旨，在全面贯彻党的二十大精神的开局之年，在学校第二个百年建设的启程之际，"自强不息　道济天下"的红色校训激励着每一位上大学子奋发向上。我们选取了近60篇学生文章汇编成册、付梓出版，矢志让红色文化引领到更多的上大青年，点燃更多时代青年心中的星星之火。阅过他们的文字，我们更加坚信，今日之新青年，必将先辈的奋斗岁月与不屈精神铭刻心中，赓续上海大学红色血脉，跟随党的步伐，为建设社会主义强国、实现中华民族伟大复兴的梦想而砥砺前行。

是为前言。

聂清

2023年7月

目　录

百年树人

热血不止，红色基因代代传	侯宇茜	/ 003
百年上大，世代情缘	汪欣宇	/ 006
百年历史画卷　续写今朝风华	钱昊月	/ 009
曙光照亮岁月模样，奋斗续写时代华章	柳奕霏	/ 012
回望百年校史，重温峥嵘岁月	李佳君	/ 014
根植红色基因，涵养上大精神	雷霁茜	/ 017
绣锦于画，赏上大百年芳华	杨智丞	/ 020
熠熠上大魂，悠悠百年情	李　橘	/ 023
百年上大	杨佳语	/ 027
百年学府　薪火相传	徐烨蕾	/ 030
愿以寸心照华夏，且将岁月赠山河	仇嘉憶	/ 033
瞭望	薛蕊欣	/ 037
时代中的上大，时代中的上大人	张点点	/ 040
十年树木，百年树人	林诗敏	/ 043
百年上大，百年荣光	朱婷婷	/ 046
追忆上大芳华　愿谱今日新章	陈慕阳	/ 049
回眸百年征程，展望红色未来	沙　卓	/ 052
何为"大学"	凌　静	/ 055
百年激荡，百年争创	陈汝楠	/ 058

雄关漫道真如铁，而今迈步从头越　　　　　　　赵边颖 / 061
共同的寻觅　　　　　　　　　　　　　　　　　陈姝君 / 064

缅怀先烈

百年上大正青春　奋烈拼搏自当时　　　　　　　沈劲松 / 069
百年上大薪火相传，溯园学子使命担当　　　　　王璨璨 / 072
忆百年红船初驶，请长缨以继盛世　　　　　　　王　杰 / 075
愿以此心寄华夏，且将岁月赠山河　　　　　　　吴雅雯 / 078
胸怀百年星火，共续红色基因　　　　　　　　　李思奕 / 081
百年上大尽风雨，红色学府育人才　　　　　　　倪华晔 / 083
赓续红色血脉，更扬时代风帆　　　　　　　　　潘　甜 / 086
溯源百年历史，体悟红色精神　　　　　　　　　陆恺韵 / 089
在奔跑中赓续红色血脉　　　　　　　　　　　　王佳妮 / 092
绯幔之上，方见时代晴朗　　　　　　　　　　　白文博 / 095
上大之魂，百年相承　　　　　　　　　　　　　林　好 / 098
何以传承　　　　　　　　　　　　　　　　　　陆　璇 / 101
百年峥嵘，星火不灭　　　　　　　　　　　　　王乐源 / 104
悟百年青春，扬今日芳华　　　　　　　　　　　郑欣哲 / 107
一片青云红光照　　　　　　　　　　　　　　　郑雨婕 / 110
光荣荆棘路　　　　　　　　　　　　　　　　　顾舒然 / 113
重明继焰，星火绵亘　　　　　　　　　　　　　蔡雅静 / 116

强国有我

借古喻今，继往开来　　　　　　　　　　　那衣拉·迪里夏提 / 121
自强不息，奋进不止　　　　　　　　　　　　　曾志宸 / 124
期颐之年，仍风华正茂　　　　　　　　　　　　甘慕言 / 126
燃青春热血，传红色火炬　　　　　　　　　　　杜群南 / 129
抚今追昔，携手并进　　　　　　　　　　　　　肖蕙晗 / 132

乘百年学府之舟，担民族复兴之任	龚若清 /	136
践行伟大建党精神的一百年	谢纪慧 /	139
执校之手，书百年铿锵	秦梦瑶 /	142
驻百年风华，迎时代新篇	朱岩瑄 /	145
百年上大再出发	别奕璇 /	148
风雨兼程百年显，栉风沐雨自担当	殷千雅 /	151
忆百年上大，立青年之志	邓金程 /	154
百年恰风华	邹奕雯 /	157
溯源百年上大史，传扬今日革命魂	金倍羽 /	160
百年上大，我一往情深	周泓贝 /	163
以昨日为舟，向明日而驶	姜粤天 /	166
看昨日红色精神，谱今日华夏华章	迪丽达娜·叶盖 /	169
百年上大，薪火传承	孟泉翰 /	172
数翻画册	曾　心 /	175
品峥嵘岁月，听历史回响	蔡宁迅 /	178
百年精神，一脉传承	张艺馨 /	181

后记 / 184

百年树人

热血不止，红色基因代代传
——读《百年上大画传》有感

侯宇茜

鲜红的封面诉说着百年的不屈，黑白的照片铭记着那一段峥嵘的岁月。翻开《百年上大画传》，映入我们眼帘的是独属于上海大学这座百年学府的荣光与坚守。我们溯源、共襄、传扬、奋进，我们传承红色基因、赓续红色血脉，我们不断挖掘校史，不断弘扬校史。

回首百年前的吴淞，两次开埠为当地的教育事业带来了蓬勃的生机，一批高等学府先后崛起。1922年3月，闸北青岛路青云坊的一幢旧式石库门房屋成为东南高等专科师范学校的校舍，这便是上海大学的前身。"文有上大，武有黄埔"，作为一所诞生于风雨飘摇中的红色学府，上海大学一经成立，便理所当然地吸引了社会各界人士的目光。

在此后的几年里，她踔厉奋发、笃行不怠，培养出了一批又一批学子。虽然这所老上海大学只存在了短短五个年头，却吸引了一大批仁人志士在此同舟共济、开拓前行，为中国革命的建设汇聚和培养了一大批杰出人才，更激起了五卅运动的风云。

上海大学想来便是进步青年的摇篮，一如邓中夏总务长曾提出的"本大学以养成建国人才，促进文化事业为宗旨"，在于右任、瞿秋白、陈望道、恽代英等众多仁人志士的带领与教授下，上海大学迅速成长为传播马克思列宁主义的红色学府，吸引了一大批革命青年前来求学，培养出众多青年知识分子加入共产党、进入革命队伍的摇篮。

杨尚昆、王稼祥、秦邦宪、关向应、李硕勋、王步文、刘华、何秉彝、阳翰笙、丁玲、戴望舒、匡亚明、杨之华、张琴秋、钟复光、施蛰存、王一知等都从这里走出，他们中有党和国家领导人，有为国捐躯的烈士，有著名的社会活动家，有一流的学者、作家、剧作家、诗人等，在马克思主义理论传播、社会科学研究、自然科学普及等方面都作出了杰出的贡献。

星辰流转，岁月不居，红色基因在上大人身上代代传承。从五卅运动时期挺身而出的上大学子到如今担负起新时代新青年责任的新一代上大人，红色血脉始终传承在每一任上大人的身上，始终经久不息，始终流传不止。"北有五四时期的北大，南有五卅时期的上大"，五卅精神一直是上大师生所铭记的精神之魂。

迈入21世纪的大门，这所因战争原因而颠沛流离一度停办的高等学府，在新中国的支持下，由原有的四所著名院校合并，成立了新上海大学，并由钱伟长院士担任第一届校长。至此，上海大学的红色血脉再续，上海大学昔日的荣光再续。在钱伟长老校长以及众多专业教师、仁人志士的支持与培养下，新组建的上海大学迅速成长为一所知名的"211高校"，成为著名的国家级的一流高校，培养出一批又一批优秀学子，在各个领域发光发热，为祖国和社会的发展做出独属于"上大人"的贡献。

"自强不息；先天下之忧而忧，后天下之乐而乐"，短短数言的校训，承载的是千古流传的民族气节，发扬的是兼济天下的无私情怀与智慧。无数有志青年怀揣着梦想来到这座红色学府，以践行我们"自强不息；先天下之忧而忧，后天下之乐而乐"的校训为己任，在这里充实、提高，不断地积累学识，成长为社会的中流砥柱。

满怀着对祖国的热爱，满怀着对新时代的憧憬，我们迈入上海大学的校门，在这里，我们郑重地接过老一辈上大人手中的接力棒，心怀"自强不息；先天下之忧而忧，后天下之乐而乐"的校训，继续努力奋发有为，为上海大学的发展、为祖国新时代的发展贡献出自己的力量。

红色基因代代传承，红色血脉接连不断。从正式出版的二十多部校史纪念册到上映于东方卫视的校史纪录片，上海大学从未放弃过寻找与传承这份红色血脉，并力求让更多的新时代新青年新学子都能加深对上海大学以及上海大学背后的那段红色历史的了解与认知，同时也为上大学子寻根溯源，回顾校史，并且传承与发扬红色精神作出指引。

百年前的老上大与现在的新上大一脉相承，它的热血基因穿越了百年的时空坚壁，像一粒种子深深播撒在一代又一代的上大学子心中，通过"上海大学"这个校名不断传承……

百年上大，世代情缘

汪欣宇

今年盛夏，十几天焦急地等待后，我在接收到快递员的"录取通知书已送达"的一条短信后，心中不禁荡起了层层涟漪。我走进熟悉的高中校园去迎接期盼已久的上海大学录取通知书。打开录取通知书礼盒，揭开录取通知书，映入我眼帘的就是一本沉甸甸的、记载着上大绵远悠长历史的《百年上大画传》，在激动和好奇心的驱使下，我打开了这本画传。

这本画传带我回到了1922年的中国，中国共产党成立不久，在中国共产党和国民党酝酿着合作的基础上，《民国日报》头版上刊登的《上海大学启事》掷地有声，宣告上海大学正式成立。

此后的五年里，上海大学的领导人克服种种困难艰难办学，在五年不到的办学时间里，为中国革命汇聚、培养了一大批杰出人才。走进画传，我看见孙中山先生正在为上海大学学生社团孤星社挥毫泼墨，题写《孤星》旬刊的刊名；我看见陈独秀先生积极支持上大办学，在给陈望道的署名纸条上写下"上大请你组织,你要什么同志请开出来";我看见校长于右任、代理校务处主任陈望道、总务长邓中夏、教务长瞿秋白等一批上海大学的领导人们为办学克服一切困难,几迁校址,筚路蓝缕……

在他们的领导下,上海大学的学生不负众望,在那个革命年代中奔流不息。他们沐浴在马克思列宁主义的阳光下,接受并传播先进思想,让上海大学成为传播和学习马克思列宁主义的重要阵地,成为中国共产党早期革命的坚强后盾。在革命的大江大河里,上大的学子们在自己的家乡播种革命的种子,帮助家乡建立中国共产党的地方基层组织;上大的学子们深入工人居住区,多次领导工人进行罢工斗争。他们的杰出表现在当时赢得了"文有上大,武有黄埔"和"北有五四时期的北大,南有五卅时期的上大"的美誉。

上海大学的学子们可不满足于此,他们还积极参加妇女解放运动、"非基督教运动",他们毅然加入上海工人武装起义的队伍,协助建立上海特别市临时市政府,创办进步和革命期刊……你几乎可以在当时所有的进步活动和革命运动中看到上大学子们那充满了希望和信仰的脸庞,他们不断推动着上海大学发展的浪潮,更是为中国革命的一江春水注入源源不断的活力。

时代变迁,我随着画传来到了1958年。新中国成立初期,上海作出工业生产向高、精、尖方向发展的决策,为了培养工业生产发展所需要的专业人才,"四校"应运而生。它们不断发展教学,钻研科学研究,深化国际交流,为上海的发展输送了一批又一批人才,交出了让社会满意的答卷。

改革开放初期,上海进入经济社会转型发展轨道,迫切需要既有理工基础又有人文社科专业知识的复合型、应用型人才,仿佛催促着新上海大学的到来。终于,在1994年,国家教育委员会批文同意"四校"合并,钱伟长校长在新上海大学成立大会上的发言铿锵有力,新上海大学这幅画卷缓缓打开并呈现在我们的眼前,散发着年轻的朝气,闪烁着智慧的光辉。

新上海大学像一颗冉冉升起的星星，欢腾的声音从校园内不断传来。她不止步于老式的教学模式，不断深化教学模式改革，适应学科建设需要，成立了新的学院；她不满足于基本的本科生教育，更是在研究生教育上注入精力；她不停留在传统的教学方法上，而是创新思政教学，创办了大批国家级精品课程……让国内外都看见了新上海大学这颗闪烁着光亮的、富有活力的星星。

在新上大的校园中，学生们个个朝气蓬勃、与时俱进，勇于面对挑战，不断在各项比赛和科学研究领域大放异彩。他们不仅在全国和国际学术竞赛和活动中尽显创新能力，在体育赛场上也尽情展现自己意气风发的身姿，他们不仅在实验室中以严谨踏实的态度做着科研，也在文艺的舞台上也展示着青春绽放的美。朝气蓬勃，他们带着上海大学走向了国家的舞台，走向了世界的舞台。

合上画传，我又回到了现实，闭上双眼，上海大学百年来激情澎湃的历史画卷不断浮现，睁开眼睛，目光停留在录取通知书上的词句，一腔热血冲上我的心头，期待着与上海大学这所承载着无数进步青年奋进历程的学校相见，期待着以新时代青年的身份谱写上海大学新征程的画卷。

百年历史画卷　续写今朝风华

钱昊月

2022年，恰逢上海大学建校百年，在这个特殊的时间点，我有幸成了一名上大学子。暑假，随着录取通知书一同寄来的，还有《百年上大画传》一书，令我如获至宝。映入眼帘的，是一抹深沉的红色，让人不禁想起上海大学"红色学府"的美誉；将书捧在手中，感受到的，是沉甸甸的重量，那是上大百年历史的积淀。细细品读，上大百年历史的画卷在我面前徐徐展开；掩卷沉思，心中的澎湃久久难以平息，透过薄薄的书页，我仿佛看到了那段光辉灿烂、可歌可泣的历史，看到了无数先辈如星星之火一般，照亮了中国革命前进的道路。

20世纪初的中国，内有军阀割据混战，外有列强虎视眈眈，山河破碎、民不聊生。1921年7月，中国共产党成立，如同黑暗中的惊雷，揭开了中国历史崭新的篇章。一年后，一所由中国共产党与中国国民党联合创办的高等学府——上海大学于压迫和危机中诞生，与中国共产党的事业紧密相连。20世纪20年代的上海大学，曾一度被称为"弄堂大学"，面对反动势力的迫害、拮据的经费和简陋的校舍，上海大学几迁校址，办学困难重重。但在国共双方及全校师生的努力下，顽强斗争，克服了各种艰难险阻，吸引了来自五湖四海的热血青年和知名人士影从云集，"红色学府"的名声渐渐发扬光大，在总计不到五年的办学时间里，为中国革命和建设汇聚、培养了一批杰出人才。

"苟利国家生死以，岂因祸福避趋之。"风雨如晦，无数仁人志士从上海大学走来，用自己的方式呐喊着、抗争着。教师们充分利用课堂和刊物，积极传播和普及马克思列宁主义，使上海大学成为宣传马克思列宁主义的重要阵地。

上大学子利用寒暑假回到家乡进行革命宣传活动，启发家乡人民的思想，播撒革命的火种，使红色的旗帜飘扬在祖国的大江南北。他们深入工人居住区开展工人运动，帮助工人和底层劳苦大众学习文化知识。他们投身于反帝爱国运动中，在中国共产党的领导下，成为五卅运动的先锋和主力军，揭露帝国主义的血腥罪行和军阀政府的卖国行径。他们开展妇女解放运动，提高妇女地位，推动两性平等，在那个蒙昧的年代，向世人证明"妇女能顶半边天"。

在翻阅《百年上大画传》时，我看到了许多熟悉的名字，有为庇护爱国学生进入上大学习，两次做出批示的孙中山；有发表文章为上大学子发声，强烈谴责国民党右派打死上大学生暴行的陈独秀；有为上大引荐优秀人才，多次到上海大学发表演讲的李大钊；有任教上大，以笔代枪，用文字记录跌宕岁月的沈雁冰，还有陈望道、邓中夏、瞿秋白、施存统等革命先烈，人们都能在上海大学看到他们的身影。他们从上大走来，怀揣着无限的革命热情，传播先进的知识文化，探索救亡图存的道路，造就了"文有上大，武有黄埔"的佳话。

历史的车轮滚滚向前，改革开放时期，上海大学顺应国家对理工和人文社科专业复合型人才的需求，四校合并，博采众长，钱伟长校长提出八个"怎样办"的思考和办大学要拆"四堵墙"的著名教育思想。迈入新时代，上海大学在党的建设、教育教学改革、人才培养、科学研究等方面不断开拓创新，在建设成为世界一流的综合性研究型大学的道路上大步向前。

"俱往矣，数风流人物，还看今朝。"百年后的今天，中国人民在中国共产党的伟大领导下实现了历史性的飞跃，迈进中国特色社会主义新时代，我生逢其时，是一种莫大的幸运。先辈有言："今日之责任，不在他人，而全在我少年。"一代人有一代人的使命，国家的未来需要青年人来创造。

钱伟长校长曾说："我没有专业，国家的需要就是我的专业。"面对国家对技术人才的紧迫需求，他毅然弃文从理，将一生奉献给了祖国，用自己的实际行动向上大学子展现了"自强不息；先天下之忧而忧，后天下之乐而乐"的校训。我们作为百年上大的传承人，应当不负韶华、不负重任，踔厉奋发，砥砺前行，赓续红色基因，怀揣梦想，在自己擅长且热爱的领域发光发热，向更广阔的天地翱翔。

上大百年历史画卷，现在，将由我们续写风华！

曙光照亮岁月模样，奋斗续写时代华章
——读《百年上大画传》有感

柳奕霏

今年9月，我结束了高中三年的寒窗苦读，来到了上海大学，幸运地迎来了上海大学建校100周年，在打开录取通知书包裹的一刹那，油红色的封面映入眼帘，翻开，100年厚重的历史直接将我拉入其中，从黑白走向彩色，时间像潮水一样回溯，淅淅沥沥，我见证了上大的历史沿革。

在黑白的照片上，立着老上大校舍，它看上去破旧，却又透露出一种风雨中的坚韧，"北有五四时期的北大，南有五卅时期的上大"的盛誉并非空穴来风，它背后承载着于右任、邓中夏、瞿秋白、蔡和森等贤达汇聚于上大的付出，无数上大教师和学子的奔走相告和举旗怒吼。画传上的一位位先辈党员们，他们怀揣革命理想和满腔热血，前仆后继支撑起国家命运。在艰难岁月里，上大散发着独特的活力，在炮火隆隆中，上大人用生命诠释着对光明的热爱与追求。上海大学自建校起就与民族命运紧密相连，红色基因深深根植于其中。

我向前翻阅，出现了熟悉的新上大模样，它继承了老上大的坚韧自强，又多了当代的大胆和创新。它生长在上海这个国际大都市，海纳百川，追求卓越，大步迈向世界，成为一所世界一流的综合性研究型大学，成就瞩目，英才济济。石蕴玉而山辉，水怀珠而川媚，畔池清丽，溯园深厚，白色的教学楼在阳光下熠熠生辉，无不透露着新时代的青春底色。国家"211工程"院校、省部级重点实验室和重要研究基地、中国科学院院士领衔的人才团队……它汇聚了几代人的智慧，按照党的二十大绘就的蓝图，不断革新，自主研发，上大的力量传扬远方。

翻遍这本沉甸甸的《百年上大画传》，我对上大校训"自强不息；先天下之忧而忧，后天下之乐而乐"有了更深的理会，它代表着一代代上大人旷远崇高的志向，心系社会发展和进步的情操，胸怀国家、民族的大义，在淫雨霏霏、阴风怒号下不莽夫般去国离乡，在春和景明、郁郁青青中依然宠辱不惊，天行健，以不息为体，以日新为道，总结经验教训，不断优化革新，生生不息。

老照片与彩色照相叠，映出上大的完整模样，我将校舍模型搭起，它立在泮池边的草坪上，凉风自胜，白云依旧，枝丫迸出了劲，华光耀青春，叫人不胜歌颂吟唱。作为新一代的上大人，作为百年上大历史的见证者和传承者，先辈已将道路铺就，逐梦奔跑的我们，应当铭记英雄壮志，继承先辈精神，把理想与国家相结合，赓续红色基因，传承上大百年华光，为实现中华民族伟大复兴的中国梦砥砺奋斗。

回望百年校史,重温峥嵘岁月
——读《百年上大画传》有感

李佳君

坐落于魔都上海的上海大学自1922年建校至今,已有一百年的光辉历史,校史日益增辉,内涵丰富。

翻开《百年上大画传》的红色封面,浓厚的历史气息扑面而来。回顾1922年的老上大,展望2022年的新上大,一代代优秀师生向我们展示了勇于创新、敢于拼搏的革命精神,向我们传递了历经艰辛却坚持不懈的奋斗精神。是他们,用双手和生命铸就了今日的美好。

我从风云激荡的红色篇章中读校史。

"北有五四时期的北大,南有五卅时期的上大。"身处20世纪20年代这一动荡时期的上海大学努力为学生营造了思想进步、学风优良的校园环境,培养了众多先进的知识分子,向全国各地播撒革命的点点星火。

上海大学成立后,中国最早的马克思主义者李大钊先生先后推荐邓中夏、瞿秋白等中国共产党人前往上大任职任教，并多次前往上海大学发表演讲，使上海大学一跃成为宣传和传播马克思思想的重要阵地，对上大师生的思想启蒙产生了深刻的影响，为上大学子日后帮助各地建立中国共产党地方基层组织、深入工人居住地领导工人勇于进行工人罢工运动及工人起义、敢于与国民党右翼进行坚决反抗、参加妇女解放运动奠定了思想基础，夯实了红色底色。

在那一个动荡的年代，上大师生将自身命运与国家民族的前途命运紧密联系在一起，尽自身最大的努力付出了汗水与生命，耕耘出一片光明的新天地，这种精神令人深感敬佩，指引并鼓舞着后来的上大学子不断追梦向前。

我从百废俱兴的探索篇章中读校史。

1927年5月，上海大学遭国民党当局迫害，被迫封闭，多少上大学子被迫中断了求学之路。1936年3月，在经过上海大学老校长于右任与国民党当局的多次谈判交涉后，国民党当局通过了"追认上海大学学生学籍，与国立大学同等待遇"的决定。此后，于右任先生多次前往上海积极推进上海大学的复校工作，与师生积极讨论复校的各方面相关事宜，使上海大学的复校进程得到了推进，上大得以重新焕发生机。

1994年4月，上海工业大学、上海科学技术大学、上海科技高等专科学校与上海大学合并建立成新的上海大学，上海大学再度扬帆起航。钱伟长校长为了让上海大学有更好的发展，陆续推进了各方面的建设，"211工程"、新学院的建立、短学期制等，使上海大学在短短数年中就培育出了一批复合型、应用型的高端人才，为上海的建设发展注入了来自上海大学的生力军。

作为新一届上大人，我们观上大百年探求史，担民族复兴大任，继往开来，赓续奋斗谱写新华章。

我从日新月异的创新篇章中读校史。

一百年弹指而过，如今的上海大学已在各方面取得了不小的成就。经过了大大小小的教育教学改革以及思政教学创新，上海大学的诸多课程及教学团队被评为国家级精品课程、国家级优秀教学团队，获得诸多教学成果奖；上大师生从参加全国甚至国际竞赛，培养创新能力，参赛项目荣获各类国际、国家重大奖项，体现了一个具有新活力、新气象的上海大学正逐步适应国家及社会对科技人才的需要，正逐步向世界一流比肩看齐，在全球顶尖大学的行列中刻下属于上大的独特印记。

校史，是学校从历史中收获信念、重铸信心的基本途径。

校史，是学校从历史中吸取教训、不断创新的独特方式。

校史，是学校从历史中以史鉴今、资政育人的政治理念。

百年征程波澜壮阔，百年初心历久弥新，百年精神代代相传。

历经了长达一个世纪的沉淀，上大的新篇章将由我们来展望，上大的新蓝图将由我们接着描绘。

犹记得先前坚毅的上大师生如火炬般燃烧自己照亮民族的未来，仍不忘无数上大人身上的勇毅、坚毅和追求卓越的美好愿景。

时光的长河缓缓向前，校史的谱写仍在继续。

如今，上大的历史接力棒已经传到了我们新青年的手上，"少年负壮气，奋烈自有时"，无论前方的路是平坦宽阔还是荆棘密布，作为新时代上大学子的我们必将传承革命精神、奋斗精神、创新精神。

以校史为灯，照亮自己及中华民族的未来！

以校史为荣，满怀伟大祖国和人民的期望！

以校史为精神谱系，赓续上海大写那百年传承的红色基因！

根植红色基因,涵养上大精神

雷霁茜

上海大学作为一座拥有百年历史的高校,其深厚的历史渊源,卓越的人文素养,一流的师资条件,优质的学生资源,吸引着一代又一代学子逐梦于此。

选择这所学校也爱上了这座城市,在收到录取通知书时,伴随那一纸金色信笺还有一本厚重的《百年上大画传》,砖红色的封皮是它与红色基因的纽带;沉甸甸的分量是它百年传承的历史;富有质感的磨砂封面是校训自强不息的体现。抚摸着《百年上大画传》的封皮,翻看其中的一章一页,细细品读,我开始慢慢了解上海大学——这座以"自强不息;先天下之忧而忧,后天下之乐而乐"这样气势磅礴的词句为校训的红色学府。跟随着其中的时间线,体悟学校的发展历程和光辉历史,读到一任又一任校领导为上海大学的发展不断革新、奉献,我开始了解这所我选择的高等学府,慢慢爱上它的兼容并包,锐力创新和始终看齐世界一流高校水准的发展格局。

《百年上大画传》以时间顺序来叙述上海大学从建校之初到现今的发展历程，其中穿插有学校各个时期的剪影，还有许多一路为上海大学发展做出重要贡献的学校教职工们，图画与文字相结合，深入浅出地展现出一张宏伟的上海大学历史画卷，沉甸甸的不只是重量，还有历史的深沉。

《百年上大画传》虽颇具篇幅，但是一气呵成，贯穿始终的是上海大学师生代代传承的精益求精、不断突破的精神和"自强不息；先天下之忧而忧，后天下之乐而乐"的校训底蕴。

上海大学是一所综合性大学，有着理工学科的严谨细致，又包含了人文学科的儒风雅致，在这样的熏陶下，上大学子综合文理，学贯中西，融会贯通，综合能力十分出众，是能够勇担新时代重任的优秀青年。

以钱伟长校长为代表的上海大学优秀教学团队有着无私奉献、潜心耕耘的师德，他们赓续上海大学红色基因，将专业知识无私地教授给学生；他们不仅自身能力出众，而且力求创新突破，不断对上大的教学进行改革和完善。

钱伟长校长制定的三学期制就是上海大学改革创新教育的成果，这种新兴的教育模式不仅需要改革者的胆量，还需要深入、严谨的实践。正是由于百年上大红色基因的传承者们和教育改革的实践者们的不断努力，上海大学才能在今日取得如此卓越的成果。

除了上大老前辈们卓越精神的引领，上大红色基因也一直贯穿始终。上海大学作为一座有着悠久历史的红色学府，从建立之初就与红色革命相关联，成为中国共产党早期的革命阵地。革命者以上海大学为根据地，传播马克思主义思想，开展共产主义活动，为进步思想的传播和发扬作出了不可磨灭的贡献。上海大学师生也始终牢记红色革命精神，传承红色上大品质，将优秀的精神融入日常学习生活中去。上大学子积极入党，参加志愿活动，关心时事政治，心系家国，肩负时代大任，勇挑革命重担。

爱国之情、强国之志的血液流淌在上大人的躯体中。2022年是中国共产党成立101周年，100年前，中国共产党及国民党进步人士创办了上海大学，无数热血青年、仁人志士奔赴于此，播撒信仰的火种。他们在上海大学积极传播马克思主义思想，传播先进的文化知识，培养了一大批对革命作出重大贡献的进步青年，"文有上大，武有黄埔"成为当时对上海大学的赞美。

传承红色基因，赓续精神传统，上大学子在各行各业发挥自己的作用，用自己的知识为祖国复兴贡献力量。作为中国共产党创立的第一所红色学府，上海大学的历史是上大人的精神财富，值得我们每一个上大人传承下去，不负前辈众望，完成时代交给我们的答卷。

读完《上大百年画传》，读完上大百年历史，作为一名上大人，我的内心汹涌澎湃，一股自豪之情涌上心头。

红色精神是我们每一位上大学子需要铭记和实践的，上大人既是名片也是责任，作为新时代新青年，我们要牢记时代使命，担当时代大任，努力学习，把手头的事做好，勤奋钻研，锐意进取，突破自我，将"百年上大，红色学府"的精神代代相传！

绣锦于画,赏上大百年芳华

杨智丞

凤凰鸣矣,于彼高冈;梧桐生矣,于彼朝阳;百年上大,相媲凤凰。

——题记

日月忽其不淹兮,春与秋其代序,时光易匆匆,往昔汇今朝,岁月进吾瞳:轻捻画册,阅其铮铮鸣响,百千学子竞昂扬;漫游史卷,坐看天边云卷云舒。上大不改辉煌色,叹一声上大正百年芳华。

上海大学建校百年之际,我有幸进入上大揭开我人生的新华章。录取通知书礼盒里,精致而又端庄地摆放着的《百年上大画传》,它记载着上大过往的坎坷与传奇,轻展画册,上大过去百年的历史仿佛重新鲜活起来,颇有触动。

秋风吹兮秋风凉,秋风散遍百花黄,韶华流转,盛世如约。翻开画传,上海大学,载百年春秋的风,追百年春秋的梦,风雨兼程,如今迎来了她建校百年的庆典。君可见，上大弥漫卷卷书香，学子致力实现梦想；君可见，百叶梧桐繁茂生长，学子沉浸书声琅琅；君可见，三百万里征途，学子仍旧不改心之所向，只因我们是上大人。漫漫长夜，我们朝山谒水，一路前行，一路繁花相送。梧桐生兮梧桐叶，梧桐落尽已流年，碧云天，黄叶地，金风细细，梧桐坠地宝元，实令学子心疼，回首上大，八千里路云积声。

1922年10月23日成立的上海大学，是在中国共产党和国民党酝酿合作的背景下，由共产党人主导，与国民党人合作创办的，也正因此，上海大学被称作"红色学府"，与革命的渊源也就此结下。

上海大学是一所有着红色基因的高校，是中国共产党创办的红色学府，是我党早期的重要根据地和培养干部的基地，这所貌不惊人的学府，聚集了一批名师贤达，瞿秋白、邓中夏、王稼祥、任弼时等中国共产党的早期领导人和诸多杰出的马克思主义理论家、宣传家都曾在此任教或学习。上海大学为革命培养了无数进步青年和革命人才。

在"养成建国人才，促进文化事业"的历史足迹中，风云激荡，上大书写着无数青年的奋进之路，他们且行且歌，将个人命运与国家、与民族交织在一起，呕心沥血耕耘出一片新天地。而他们的念念不忘也终于换来了"文有上大，武有黄埔"的历史回响，经久不衰。

"自强不息；先天下之忧而忧，后天下之乐而乐"是新时代上海大学的校训。山高水长，路途遥遥，我们满怀希望，这是我们的起点，我们踏遍沧浪览平芜，观其长空万里，山河无限，阅尽时光流逝，时过境迁。

我们在路上，上大在路上……

秋去冬来，花谢花开，不知不觉又是一年春好时，学园里的紫荆花又开了。春色沁人心脾，盛开璀璨的紫荆花十分美好，但如此的花语对离家求学的游子而言难免伤感。

求学的征途上，上大的老师也常常会给我以长辈的关怀和家的温暖。杨绛先生说过，有些人，光是遇见就已经是上上签了。我常常会感恩遇见，在浩大的世界里，我们一直在不停地遇见，也在不断成为别人的过去。那些看似轻易的相遇，我们不会知道经历了多少巧合的碰撞，在人生中出现的每次交集，可能都是命中注定的安排。相遇，往往是两个平行的生命体出现交集的关键。短暂的停留，可能是我们在彼此生命中努力过的痕迹，那么，这次交集就可能变成美妙乐章的序曲。

在学校里遇见的每个瞬间都是值得感恩的，上大的老师对于我来说更像一个博学多才的朋友。老师们很温柔、很儒雅，给人的感觉十分温暖，会倾听、会谅解、会共情。初入大学校园的我在生活中会遇到很多困难，生活时有窘迫，学习常会失意，老师教会我如何与缓解内心的消极，也帮助我解决了许多难题，让我倍感欣慰和感恩。

记得村上春树说过，你要记得那些黑暗中默默抱紧你的人。在刚刚要扬帆远航的人生中，我告诉自己生活常布满风雪，不如意事十之八九。如今，作为上大学子的我，已经做好了准备，是上大，是这所红色学府的温情让我学会了笑对人生，让我知道了如何做一个坚强的人。比起汹涌的爱意，上大给我的这种举手投足之间潜移默化善意和教育，更让我感受到她的温度。

这幅画卷仿佛久久与我的大学生活缠绕……绣锦于画，赏上大百年芳华，凤凰鸣矣，于彼高冈；梧桐生矣，于彼朝阳；百年上大，相媲凤凰。

每一次倾听历史，我总能获得前行的动力，如今的上大，更让我满怀信心去实现中华民族伟大复兴的中国梦，我心中的信仰比任何时候都更加坚定。

以信仰之光照亮奋斗之路，百年征程温故知新再出发，新时代的奋斗史诗正等待我们新一代上大人去书写。

熠熠上大魂，悠悠百年情
——读《百年上大画传》有感

李 橘

2022年，19岁的我迈入恰逢期颐之年的上海大学。然而，这所百年名校并非垂垂老矣，反而因为一批又一批新鲜血液的注入而焕发出勃勃生机。正如《百年上大画传》的前言所写，上海大学"从时代大潮中走来，这里收藏着时空坐标下动人心弦的珍贵瞬间，鲜活如初，与城市发展脉搏相连，阅往知今思悟新成长"。我翻开画传，走进那段激情燃烧的岁月，重温历代上大人永远炽热、永远燃烧的"上大魂"。

一百年前，上海大学踏着青云，从红色的大道上走来，几易校址，不变初心。

一大批青年共产党员以闸北青岛路青云里为起点，创办上海大学，凝聚一大批名师贤达，同舟共济、开拓前行，吸引了数千位追求社会进步而发奋学习的青年学子。一路走走停停，上海大学最终在宝山驻足，并逐渐羽翼丰满，在开枝散叶，形成了以宝山校区为主体，以延长校区和嘉定校区为两翼的"一体两翼"办学格局。

在一众革命仁人志士的带领下,上海大学无疑成为革命的摇篮。在奔走的过程中,上海大学不断沿途播撒红色的种子,成为壮大革命势力的重要力量,坚持不忘红色初心,坚持延续红色征程,"文有上大,武有黄埔"的美誉从此响彻全国,红色基因也乘着历史的航船,成为每一代上大学子的底色。

上海大学的变迁,恰好见证了中国共产党从诞生走向辉煌,也恰好见证了中国共产党领导中国人民建立的中华人民共和国从弱小走向富强——这是历史的巧合,这是红色的邂逅,这是浪漫的赴约。

随着画传页码的延续,上海大学校园的风景也逐渐从百年前的黑白,演变为五彩斑斓——动荡的年代,非黑即白;和平的年代,绚丽多彩!

枝叶的饱满、羽翼的丰满需要汲取丰沛的营养。1994年,上海工业大学、上海科学技术大学、原上海大学、上海科技高等专科学校四校合并组建成立新的上海大学。新成立的上海大学集各家之长、聚八方之才,在中国科学院院士钱伟长校长的领导下,以全新的面貌神采奕奕地站在世人面前。

如果说1922年是梦的起点,1994年则是梦的延续。乘着改革开放的春风,搭上上海经济发展的快车,这所以城市命名的大学,发扬"海纳百川,追求卓越,开明睿智,大气谦和"的上海城市精神,秉持海派气质,以敢为天下先的勇气与胆识,以拥抱世界的视野与胸怀,志在引领属于上海的骄傲,扬帆起航,重新出发。

诞生于不平凡的年代,就被赋予了不平凡的使命,注定要有不平凡的作为。上海大学不负众望,在学术科研的广袤田地上辛勤耕耘,终得五谷丰登、瓜果飘香,钱伟长校长带领上大师生在中国教育史和科技发展史上留下了浓墨重彩的一笔,在全国地方高校中脱颖而出。

一代代上大人将钱伟长校长"自强不息;先天下之忧而忧,后天下之乐而乐"的教诲铭记于心,迎难而上,瞄准国家战略和上海经济社会发展重大需求，聚焦一流本科教育、建设世界一流大学。

制度创新是上海大学稳步前行的基石。三大特色制度——学分制、选课制、短学期制为上海大学推行以本科大类招生和培养为突破口的教育教学改革保驾护航；实施通识教育和有特色的专业教育为形成以培养全面发展、终身发展的创新型人才为核心的人才培养体系添砖加瓦；高水平师资队伍赋予上海大学腾飞的力量，引领上大师生成为晨曦中的赶路人、更上层楼的攀登者。

上海大学教授、中国工程院院士孙晋良曾动情地说道："在科研这条攻坚路上，上大人的脚步从未停歇。"是的，中国人"上九天揽月，下五洋捉鳖"的追梦路上，上大人的身影成为一道道靓丽的风景线。生物、物理、化学、通信、商科、社会科学……上海大学这棵参天大树的枝条正在向更广阔、更远大的方向延伸，向国家和人民需要的各个角落延伸，让自己的科研成果百花齐放、百鸟争鸣、百果飘香。

正是由于上大人的这种开拓创新、矢志不渝、永不言弃的精神，上海大学在QS排行榜上的名次逐年上升，国内外竞争力显著增强，吸引了无数国内外专家学者前来访问讲学。上海大学的努力正一点点获得回报，助力未来的上海大学向前迈出惊艳世人的一步又一步，每一步都有力量，每一步都有回响！

正如钱老校长所言："我们培养的学生，首先应该是一个全面的人，是一个爱国者，一个辩证唯物主义者，一个有文化艺术修养的人、道德品质高尚、心灵美好的人。其次，才是一个拥有科学专业知识的人，一个未来的工程师、专门家。"作为初来乍到的上海大学新生，何其有幸，我们得以见证上海大学建校百年，这是上海大学给予我们珍贵的见面礼，我们也应以爱国、明智、高尚、善良的自己回赠！

我们或许还太过稚嫩，或许还有些莽撞，又或许还才疏学浅，但我相信，时间会证明一切、时间会改变一切——上海大学定会如良师，如益友，如严父，又如慈母一般，引导、引领我们身心成长，让我们成为思想上有提高，学术上有突破，人格上有升华的社会进步的推动者和国家富强的建设者,不愧于"担当民族复兴大任的时代新人"的响亮名号,把自己的名字镌刻在时代前行的轨迹中。

那些我们敬仰的前辈和榜样,那些我们倾慕的卓越和不凡,终会成为未来的我们!

回首百年,展望未来,我们摩拳擦掌,我们志气昂扬,我们谦卑自省,我们势在必得。

我们不是在原地踏步,我们不是在孤军奋战,我们不是在痴人说梦,我们不是在异想天开。

我们有野心,我们有雄心,我们有信心,我们更有恒心。

我们与中国最棒的年轻人为伍,我们在中国最发达的城市奋斗,我们将走向世界最顶尖大学的前列,让世界听到上海大学的声音!

信守百年前的约定,铭记百年前的誓言,接续百年前的梦想,我们站在新时代的潮头,耳边仍回响着先辈们的声声疾呼,这盛世,如他们所愿!

上善若水,海纳百川,大道明德,学用济世。下一个百年,我们将与党和国家一同出发;下一个百年画卷,将从我们手中起笔,再绘那书山仰止、学海无涯。

百 年 上 大

杨佳语

暗夜中降生

我的名字叫上海大学。

我在一片硝烟里降生,来到这世间的第一眼,我看到湿滑的泥泞裹挟着崎岖的道路,狰狞的兽匍匐于灰暗的地面,尖牙下的长舌垂下贪婪的唾液,侵蚀着一个气若游丝的千年古国,这人间炼狱般的场景!

可我却不畏惧,反倒生出满腔热血,我想我生来就是要为这片炼狱带来光亮的。于是,我在破碎的山河里流浪,没有坚固的盔甲或是先进的枪支弹药,我赤着足走在那些残坍的瓦砾上,我裸露的胳膊紧紧挂在那些尖利的藤蔓上,我的目光如炽热的火炬。虽然在最阴森的小道里行进,可我一点也不觉得艰辛,我反倒坚强起来,我觉得这是一场逆旅,越是艰难险阻越是要不顾一切地逆风前行,那些明枪暗箭为我带来淋漓的伤口,那些侧目者为我送来的冷嘲热讽,那些深夜里的阵痛和泪水……我在苦难里飘荡，那些深入骨髓的痛楚都变成我强大的动力，我越走越勇敢，让救世的光亮在这个古老的国度中星星点点地亮起。

我的努力没有白费，我逐渐看到我的身躯承载起越来越多的希望，他们是拯救中国的有识之士，他们在我的身躯里传授知识，让革命的智慧火光烧得更旺更亮。

我觉得无比的光荣，我想我逐渐变成了我所向往的那样：做暗夜里的炬火，让炽热的火星喷射迸发，让星星之火燎遍中原大地。

黎明前匍匐

我想，天，就快亮了。

可黎明前的黑暗总是最湿冷难熬，那深邃的墨色似要湮灭所有的火种。我被迫纳入汪伪政府的管辖，带上了"国立上海大学"的假名。我看着身上那虚伪的装饰，我只觉得我一定要帮着、陪着那些真正爱这个国家的人们走向光明。于是，我在黎明前的黑暗里匍匐前行，所有的沉默都是为了更好的爆发，所以我小心翼翼地孕育着未来的火种……

晨曦里奔跑

终于，在那群年轻人的努力下，在全中国人民共同的热血拼搏、前仆后继下，古老的国度用巨大的牺牲赶走了暴虐的豺狼与虎豹。

我将那些虚假的装饰统统撕烂，我将那耻辱的假名从身上剜去，我流着泪抬起头：天亮了……五星红旗在绚烂的天空中冉冉升起，那一抹鲜艳的红色格外鲜亮……

阴冷的雨水浸润了无数干瘪疲惫的心，疲惫了半个世纪的中国人民终于将命运掌握在了自己手中……

当我再次睁开眼，我涅槃重生了。

我所在的国家迎来了新生，像一轮东升的太阳，霞光普照大地，全国上下的人们鼓足干劲，齐心协力地推动着国家发展的车轮。

我拍了拍衣服，旧时代的尘土应声落下，那始终不变的明亮的眼眸追随着红旗的方向，毫不犹豫地踏入时代的潮流，乘着新中国发展的浪花一路前行！

海纳百川，是上海这座城市的品格。

这一天，我正式成为新时代的上海大学。上海工业大学、上海科学技术大学、上海科技高等专科学校、上海大学这四条支流终于汇入大海，熔铸成我全新的身躯，我从未感到我的胳膊是如此有力量！我的大腿是如此健壮！我的胸膛是如此宽广！我在新中国得到了第二次重生！我的身体充满了激昂的血液和亢奋的筋肉，我迫不及待地在新时代里大步向前奔跑。

我跑过高耸的山，我越过奔腾的海。

我沐浴着新中国的阳光，看着身躯镀上一层朦胧浪漫的金色，走过的路途闪闪发光，未来之路光明灿烂。

生日快乐

2022年10月23日，这是值得铭记的一天，我迎来了我的建校百年的庆典。

我看着那些有着闪闪发亮的双眸的年轻人们欢天喜地地为我庆祝，我突然又想起很久很久以前，那些在炼狱中的年轻人们、那些在黑暗中匍匐、奔跑的日子……时光已经泛起褶皱，他们都老去了吧。

"百年上大，红色传承！"

铿锵有力的口号将我从回忆中拉回，我看着眼前斗志昂扬的这群人，看着车水马龙的大街，看着灯光闪耀的城市夜景，看着温馨的万家灯火……

他们从未离开过，他们是不灭的火光，永恒地在这片热地上燃烧。

百年学府　薪火相传

徐烨蕾

一本红色封皮的书，承载了上海大学浓厚的红色文化和深厚的历史底蕴。一页页缓缓翻过，好像是一台无声的放映机在眼前播放着光阴的流转与时空的绵长。手里捧着的是书，脑中浮现的是百年来上大在历史变迁中赓续红色基因、不断与时俱进的画面。从革命年代到改革开放再到如今的新时代，上海大学这座红色学府一直勇立潮头，锐意进取。

岁月不居，时节如流。上海大学自1922年成立以来，已经走过了一百年的光景。一百年前，一群有识之士在上海青云里创办了这所大学。学校克服种种困难，艰难办学，吸引四方热血青年影从云集，为中国革命和建设汇聚、培养了一大批杰出人才，赢得了"文有上大，武有黄埔""北有五四时期的北大，南有五卅时期的上大"的美誉。作为中国共产党创办的第一所正规大学，其身上肩负的使命与责任可想而知，红色基因深深刻在了上大的基因里，延续百年，生生不息。

在《百年上大画传》中，我们能看见许多熟悉又令人心生敬仰的名字，其中有中华民国的缔造者孙中山，《共产党宣言》的翻译者陈望道，中国共产党的早期领导人陈独秀、李大钊，中国早期工人运动的领导者邓中夏……他们或在此任职任教，或在此演讲学习，他们都曾与上海大学有着密不可分的联系。他们的思想在这里传播，青年学生的意识在这里觉醒，中国革命的火种在这里燃烧，在当时被寒意笼罩的中国，这座红色学府率先撕开了一道光明的口子，叩开了希望的大门。

革命年代的上大学子，有着当时最先进的思想，他们冲锋在反帝爱国运动的第一线，他们创办革命报刊，以一腔热血为拯救中国而奋斗，这也是如今上海大学校训"自强不息；先天下之忧而忧，后天下之乐而乐"的历史渊源，它是一种传承，更是一种责任，警醒着一代又一代上大学子牢记先辈当初勇敢无畏、坚韧不拔的精神，并敢于在当今社会开创一个属于自己的时代，为天地立心，为生民立命。

1994年，上海大学又经历了一个重大事件，由四所大学合并而成的新的上海大学成立，一个属于上海大学的新时代开启了。海不辞水，故能成其大。地处魔都，受到上海这座国际大都市的城市品格的影响，上大一直是一所多元、包容的学校。上海大学文科、理科、艺术多方面发展，多个学科建设处于全国领先。

江泽民同志为上海大学题写的校名在时间长河中熠熠闪光，合并后的第一任校长钱伟长院士寄予上大殷切的希望，他独树一帜的教育思想和治校方略开创了学校思想解放和学术繁荣的新局面，推进了学校各项事业的新发展。

实行三学期制、开展大类招生、实施思政课程改革……上海大学在创新的路上永不停歇，不断探索着适合学生发展的途径，为学生提供多种选择，因材施教在这里得到充分体现。在一众前辈的优良传统的熏陶下，在当下上大师生的共同努力下，上海大学综合排名不断上升，在各个领域全面开花，科研成果丰硕，教学质量显著。

每一代人有每一代人的长征，百年间，无数的学子汲取知识的甘露，收获了累累的硕果，自信地踏上了追梦的旅途，秉持着上大"自强不息；先天下之忧而忧，后天下之乐而乐"的校训，在社会各个领域发光发热。

他们有的在科研领域俯身耕耘，为科学发展和人类进步不断摸索；有的驰骋商海，在市场上运筹帷幄，为促进各地区的经济发展做出贡献；有的成了德艺双馨的艺术家，在艺术与美的世界给人们带来享受；有的成了为人民发声的记者，用自己的报道带来社会第一线的声音……他们都把在上海大学学到的知识更好地带到了自己的工作生活当中，服务社会服务人民，实现了自我价值和社会价值的统一，我想这就是上海大学想要培养的健全人格、发展个性又追求主流精神价值的学生。

初遇上大，觉得这所学校既古老又年轻。说其古老，是因为它经历了岁月的变迁和时代的磨合，历史赋予了它那份厚重感；说其年轻，是因为它仍然在不停地前行，用它的激情和活力渲染着莘莘学子青春的色彩。

上大百年栉风沐雨，上大百年春华秋实。

回望历史，它所经历的百年虽只是漫漫长河中的一段，但却是上大历史中浓墨重彩的一笔。

展望未来，上海大学将在前人的馈赠和坚实的基础下继续探寻和构筑新时代的先锋学校，写下21世纪的"上大纪"。

愿以寸心照华夏，且将岁月赠山河

仇嘉憶

随着录取通知书一起而来的还有一本赤红封面、颇有分量的《百年上大画传》，在我翻开第一页之前，上海大学对于我来说只是一所让我进一步开始大学本科学业的院校，内心毫无波澜，甚至带点随意地翻开，但随之而来的却是热血澎湃之情。

岁月失语，惟石能言。无法亲历过去，通过这本画传展现在我的眼前。1922年，青云里一座老式的石库门楼房，两层小楼，数间教室，那就是当时的上海大学，五年间几迁校址，办学之路荆棘坎坷。而在当今，一座由多所学校合并组建而成的"211工程"大学正欣欣向荣，这就是新时代的上海大学。上海大学，在穿越百年时空后又继续展开羽翼，翱翔天际，血脉相承，生生不息。

而当年的上海大学正是在中国共产党和国民党酝酿合作的背景下，由共产党人主导，与国民党进步人士合作创办的，汇集了四方热血青年、仁人志士，成为中国革命道路上炽热而永不熄灭的炬火。

百年上大,红色学府。

上海大学成立的背景就已经决定了红色基因和革命的底蕴必定会深深融入整个大学的管理、发展之中。在学校领导人员名单上,一个又一个我只在历史书上见过名字不断出现,于右任、陈望道、邓中夏、瞿秋白……在上海大学创办伊始,瞿秋白在给胡适的信中就下定决心"要用些精神,负起责任",把上海大学建设成为"南方的新文化运动中心"。而邓中夏也在拟定上大的章程中明确了"以养成建国人才,促进文化事业"为宗旨。

上海大学在打上革命烙印的同时,也不忘为学子提供高质量的教学。

从原本东南高等专科师范学校的烂摊子,到闻名遐迩、获得"文有上大,武有黄埔"的美誉,上海大学依靠的是强大的师资力量。丰子恺、郭沫若、周建人……这些"熟人"的文章总会出现在课本上,谁曾想到上了大学,还能惊喜地发现他们竟然曾在自己的大学里任教,这是何等的荣幸。当年李大钊曾五次到上海大学发表演讲——"演化与进步""美术应将现代社会之困苦悲哀表现出来""社会主义释疑""史学概论""劳动问题概论",对当时学生思想、认知上的影响不可谓不大。各路贤才共聚一堂,为中国未来革命事业、建设事业培育了大批人才,入知名作家、社会活动家丁玲,无产阶级革命家王稼祥,著名诗人戴望舒等,都是从上海大学走出去的,他们在日后中国的革命和建设发展中起到了重要作用。

红色上大也是中国革命的摇篮。

作为中国共产党主导创办并实际领导的第一所正规大学,在那个风雨如晦的革命年代,上海大学秉持着"养成建国人才,促进文化事业"的办学宗旨,肩负起教育救国、教育图强的使命担当。

上大师生即使双脚踩在泥土里,路再泥泞,也坚定地一步一步向前走。上海大学的党团员人数、组织,在当时的上海而言占有非常高的比例,师生们积极参与革命活动。上海大学可以说是当时中国共产党最活跃的基层组织,中国革命的坚强堡垒,中国革命火种的播种者。上海大学充分利用课堂宣讲传播马克思主义,开展平民教育工作,领导工人罢工斗争,拥护孙中山,组织、参与革命进步活动,参加妇女解放运动,参加"非基督教运动",参加上海工人武装起义,创办进步革命报刊,成为五卅运动的策源地,并且赢得了"北有五四时期的北大,南有五卅运动时期的上大"美名。

在这个过程之中,一批又一批的革命志士献出了宝贵的生命,看着画传上的一张张面孔、一段段记录,其中时不时就会出现"牺牲""就义"这样的字眼,他们有的还很年轻,比我们大不了多少,却能义无反顾地踏上革命之路。他们以赤诚之心、滚烫热血染红了华夏,他们诠释了"为有牺牲多壮志,敢教日月换新天"的决绝,他们的精神跨越时空,历久弥新。在这之外,又还有多少不知名的英烈未被记载?但是我相信,祖国的山河能为他们留名,如今的盛世可为他们铸魂,他们的精神将被世人永远铭记。

揆诸当下,从1927年封校以来,经历了复校、合并、改革等一系列发展,当今的上海大学有了全新的面貌。1983年,上海五所大学分校和上海市美术学院合并组建成上海大学。时任上海工业大学的钱伟长校长提出了八个"怎么办"思考,以及要拆"四堵墙"的著名思想,而注重全面发展、分类培养、文理通融、理论实践结合,也成为钱伟长校长执掌上海大学后的重要教育理念。1994年4月25日,上海工业大学、上海科学技术大学、上海大学和上海科技高等专科学校合并建立上海大学,由钱伟长院士担任校长,至此,上海大学开启了新的篇章。

上海大学秉持着"自强不息;先天下之忧而忧,后天下之乐而乐"的校训,不断进行学科的改革创新,改进人才培养方案,加大科学研究的投入,扩大国际交流合作,重视社会志愿服务,加强精神文明的建设,上海大学"不忘初心、牢记使命",在新时代中勇立潮头,迸发出富有红色基因的强大生命力。

读至最后,上海大学的形象逐渐立体了起来,似乎还能嗅到百年风雨中带来的泥土气息,似乎还能感受到当年红色事迹留下的余温。我们要从过去汲取力量,赓续红色基因,不断开拓未来。

历史会被铭记,寸心永照华夏。

瞭 望

薛蕊欣

站在春潮涌动的大地上望去：苍颜老人徐步，从百年积淀的岁月残片中徐徐走出，沉首间，星火转逝；木制拐杖铿锵笃在地上，把敲击声不断传播出去，又在远处听得声声回响。不知何时，火苗骤起，深处传来轰鸣，地面微微颤动，点点星火意欲成燎原之势。

瞭望峥嵘岁月，赓续红色精神。1922年10月23日上海大学在青云里成立，数名青年的鸿鹄之志由此发轫。这是由中国共产党人主导并实际领导，与国民党人合作创办的第一所正规大学。在硝烟炮火下的出生的上海大学，其脚下的道路注定是颠簸的。由于国民党当局的迫害，校址几经变迁，但难灭上海大学的仁人志士和莘莘学子的赤诚之心。在艰辛的五年办学之路中，上海大学为中国革命和建设汇聚、培养了一大批杰出的人才，为红色精神的代代相传埋下了火种。

上海大学更集合了一批中国共产党的早期党员和党的领导人，还积极地在优秀学生中发展党员。上海大学党组织是中国共产党在上海最活跃的基层组织之一,是中国共产党早期革命的坚强壁垒,这也是上海大学被称为红色学府的渊源。在上海大学任教期间,中国共产党早期党员和马克思主义者充分利用课堂和党的刊物,结合中国革命实际,发表了大量文章来传播、普及马克思列宁主义。

20世纪20年代的上海大学"以改造社会为职志",加强党的基层组织建设,领导并指示师生中的党员到全国各地帮助建立党的基层组织,播撒革命火种,开展平民教育工作,深入工人居住区开展工人运动,领导工人进行罢工斗争,广泛开展反帝爱国斗争,积极投身轰轰烈烈的大革命运动。这座学府充斥着革命激情,怀抱着慷慨之气。

站在记忆的金箔里,用翻滚血气的黑白镜头瞭望:数张陌生却盛气的面孔纷至沓来,冷静又不木然。镜头里的他们,用刚毅的目光承载着自己与时代的交集,用不朽的精神警醒后人。他们的音容笑貌在墙上、在纸上,用仅存的模糊痕迹跨越代际向我们瞭望。

瞭望时代伟人,共瞻复兴之路。

回望上大初创时期,有一位满怀热血的先辈,他是我国社会学学科的奠基人之一,瞿秋白。他在1923年来到上海大学担任教务长兼社会学系主任。在上海大学创办之初就来任教的他,不仅认真严谨地对待教学工作,更没有忘记时代赋予他的使命。1923年7月30日,他在写给胡适的信中说道:"既就了上大的事,便要用些精神,负些责任。我有一点意见,已经做了一篇文章寄给平伯……我们和平伯都希望上大能成为南方的新文化运动中心。"而在社会学领域,他提出研究社会科学的重要性,并且能够将社会学原理投入到"改造社会"的实际斗争中,为上海大学的建设和中国革命进程的推动作出了巨大的贡献。

在上海大学历史之长空还有诸多爱国志士如同流星一般,在混沌又嘈杂的夜里勇击长空,奋力一搏,烁体躯之光辉,留世人之铭记。无论是鞠躬尽瘁死而后已的中国青年运动卓越的领导人顾作霖,还是提出要建立中国共产党的蔡和森,他们都是顺历史之洪流,领时代之行进的爱国主义战士。也正是他们,才有了"文有上大,武有黄埔""北有五四时期的北大,南有五卅时期的上大"的历史回响。

站在蓬勃的新生繁叶下,用青年一代放出的白鸽瞭望:眼见风云千墙,接力棒下的稚嫩却赤诚的眼光,望着日新月异的红色学府,与时代并肩齐驱的伟业流长。

瞭望百年征途,共赴似锦前程。

"我们培养的学生首先应该是一个爱国者,一个全面的人,一个有文化艺术修养、道德品质高尚、心灵美好的人;其次,才是一个未来的工程师、专门家。"钱伟长校长如是说。

新的征途已然启程,百年风华需后人踔厉奋发,笃行不怠,传扬"上善若水,海纳百川,大道明德,学用济世"的上海大学精神,铭记长篇,共话未来。

苍颜之下有力跳动的心脏横搏了百年,历史的对岸总有人正在传递薪火,也总有人在瞭望。

时代中的上大,时代中的上大人

张点点

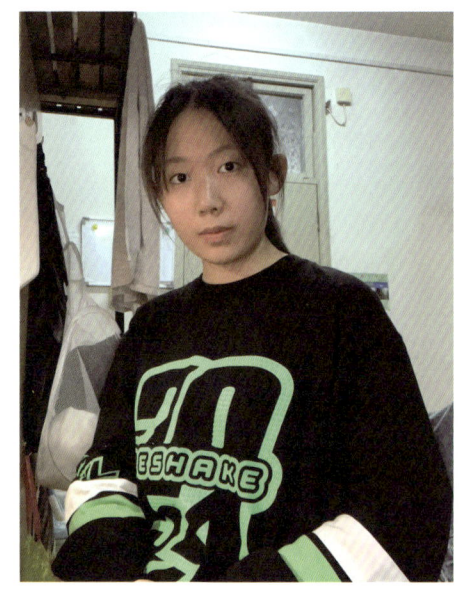

还记得第一次踏入这所大学时,新鲜感与兴奋感充斥着我的心。那时的我对它还不太熟悉,但已经在录取通知书附送的《百年上大画传》中,对它所经历的年年岁岁有所了解。能够在上大建校百年之际,成为这所大学的一员,使我感觉荣幸之至。

在上大度过的第一个中秋节的夜晚,我漫步在泮池湖畔,看着湖水倒映皎洁的圆月,晚风吹过,便泛起层层波光。月光常常与思念相联系,它作为意象出现在古今中外众多诗歌之中,穿越时光,将人们的情感勾连。那是游子的思乡之情,也是黑夜中唯一的光。于是,我想到了,在百年前旧中国的暗夜中,那一位位为了黎明而奋斗的革命志士,他们是不是就是那个时代的明月呢?上海大学在他们的引领下,创立于那样一个黑暗的时代,这正是他们将"月光"洒遍祖国大地,照亮更多人的心灵。

上大并非无根而生,它是时代的产物,也终将推动时代发展。在国共酝酿合作的背景下建立，这就注定了它将在国民大革命的波涛中，成为推起巨浪的风。它凝聚了国共双方革命志士对人才培养的期望，集结了来自全国各地的、年轻的、最有革命热情的青年学子，因此，在国民大革命中的众多重大事件中，都有留下上大学子与教职工的印记。

"北有五四时期的北大，南有五卅时期的上大"，这句美誉便是他们革命激情的最好证明。

但不可忽视的是，这样波澜壮阔的革命浪潮背后，是一个个鲜活的人的努力，他们可能是上大的一名学生，可能是一名教师，上大可能只是他们人生中短暂接触的片段，也可能是为他们革命事业的最终舞台。我们可以用那些美誉赞扬他们的革命激情，但也要关注他们每个个体为革命做出的努力。正是这样一个个平凡又伟大的人，推动了革命的进步，组成了今天上大的光辉历史，使上大具有那样深厚的红色底蕴。那是革命时代的上大，他们是革命时代的上大人。

于是，怀着这样的想法，我翻开《百年上大画传》，细细阅读。我看那一张张神情坚毅的脸，看他们走进上大又离开，看他们或成为马克思主义的宣传者，或成为革命火种的播种者。我为五卅运动中，何秉彝等上大学子的牺牲而悲痛，又为他们敢于直面租界巡捕的枪口进行运动而深感震撼；我为黄仁等上大学子主动上台与国民党右派论战、展开积极斗争的革命精神而感触，又为黄仁的牺牲扼腕叹息……

他们和我一样，都是上大学子，但是他们可以拥有这样的革命激情，拥有这样不怕牺牲、积极抗争的精神，成为大革命时代浪潮中耀眼的浪花，成为旧中国黑暗中参与革命的一缕月光。他们让我产生这样的憧憬，让我也能希望为如今的上大，为如今的中国做出自己的努力，实现自己的价值。这些努力，它不一定伟大，它扎根于平凡，但是千千万万个平凡之人的努力，可以造就伟大。上大百年辉煌历史之伟大，就是这样铸就的，而在新时代，创造它新的伟大的重任，就落在出生于新时代的我们身上。上大给予我们知识，是我们成长的平台，我们也将在这个平台上发光发热，书写母校的未来，也书写祖国的未来。

思绪回转，我将画传向后翻看，便看到了上大在1958—1994年的变迁。

这是一个发展的时代，它走入了社会主义建设时期、踏上了改革开放的康庄大道。处于这样的一个时代之中，上大也在不断的发展着。从一张张照片中，我领略了从各个大学分校的建立、发展，读到了四校合并组建新上大的艰辛历程。它们的建立是时代的需求，是上海在面向建成"五个中心"战略目标发展的时代需求所决定的。而新上大也成功地培育了上海乃至中国在这个时期发展需要的人才，推动了国家的发展。

这是新上海大学的时代，而这个新时代的上大人，引领着上大发展的、备受上大人爱戴和尊敬的钱伟长校长，锐意进取，开拓创新，为上海大学的人才培养与科学研究殚精竭虑，让上大在这个全新的时代展翅飞翔，为国家发展事业添上了上大的一抹亮色。

百年上大，无百年的峥嵘岁月便无今天的上大，上大学子与教职人员们也在这百年中留下鲜明的印记，成为上大真正的底蕴所在。是时代铸就了人，也是人推动着时代的发展。上大应时代而生，随时代而进，终将成为时代发展的推动者，而这背后，是一代代上大人的不懈奋斗。他们陪伴中国从黑暗走向黎明，走过发展，终将由今天的我们，发挥自己的力量，担当起时代重任，陪伴中国走向繁荣富强。

合上画传，一览上大百年风华，心中感慨万千。时代中的上大人会为了自己身处这样一所历经时代沉淀的大学而自豪，我也暗暗期盼自己能成为时代大潮中的绚丽浪花，参与书写母校的未来，书写祖国的未来。

十年树木，百年树人
——读《百年上大画传》有感

林诗敏

小小一本红色册子，却承载着百年红色记忆。在上海大学建校百年之际，作为2022级新生，我收到这本带有历史厚重感的书籍，读后可谓心潮澎湃，百感交集。

20世纪20年代是一个动荡不安的年代，也必然是一个激情四射、豪情壮志的年代。在国共合作的背景下，上海大学诞生于1922年，由东南高等专科师范学校改名而来，时任校长为国民党元老于右任，实际由共产党人具体负责，一所红色革命学府的坎坷之路由此开始。

上海大学成立之初，中国共产党早期党员与马克思主义者纷纷来校任职任教。他们发表大量宣扬马克思主义的文章，加强党的组织建设，使上海大学成为重要的革命阵地。无论是1924年的"黄仁惨案"，还是1925年的二月罢工、五卅运动，以及先后三次上海工人武装起义等，上海大学的学生一直活跃在革命的第一线。随着革命声潮愈演愈烈，迫于各方压力，上海大学不得不几次迁校，四一二反革命政变后江湾新校舍被查封停办，连"追认上海大学学生的学籍，并与国立大学享有同等待遇"也在1936年才得以实现。"北有北大，南有上大"，老上海大学坚持"养成建国人才，促进文化事业"的办学宗旨，成为党早期培养优秀干部的储备地，帮助各地建立党的地方基层组织，播撒革命火种。

透过册子里的黑白照片，仿佛能回到那个风起云涌的年代。闸北青云里师寿坊临时校舍没有校门，没有大礼堂，没有图书馆，小小的石库门便是学生上课的场所。即使是这样艰难的条件，也没有磨灭学生们的学习和革命热情。从上海大学走出的学生，有党的重要领导人，有为国捐躯的烈士，也有学者、作家、社会活动家，等等，于岁月留下不可磨灭的历史痕迹。

革命时期的上海大学虽然只有不到6年的历程，在反动当局的迫害下不得不关停，但它却是上海乃至中国革命不可或缺的一环，完成了时代交予它的任务。革命时期的上海大学不仅有着富有红色底蕴的光辉历史，更成为时代前行的缩影。工人运动、学生运动、妇女运动……有革命的需要，便有上海大学师生的身影。上海大学聚集了一群先进的马克思主义者，又将工人、革命青年等凝聚起来，书写了革命的脉络。如果说过去的上海大学的初心是改造社会，而现今的上海大学以"自强不息；先天下之忧而忧，后天下之乐而乐"的校训回应了这份传承和使命。

回顾历史才能展望未来。老上大的革命先辈，不畏牺牲，砥砺前行，为国家前程奔波劳碌、殚精竭虑。多少革命青年，毅然决然地为祖国的未来负重前行。在峥嵘岁月里，青年的个人奋斗与国家命运交织，绘就一幕幕令人声泪俱下的篇章。

回想中华民族走来的这一路，除了苦难，更多的是不屈不挠的意志。这份勇气已然成为中华民族、中国青年的精神底色。2022年，上海大学迎来了建校百年的光辉节点，百年曲折历程培育出的卓越人才将永远闪耀在历史的星海。

  如今的新一代上大人，并不必在狭小的弄堂校舍里学习、生活和斗争，但这种红色基因、这种革命精神值得我们延续。读完先辈们的故事，我不禁思考究竟是什么能让他们放弃一切赶赴革命的沙场，中国共产党究竟又为什么能在人民的心中生燃起希望的火种。

  而这一切正是信仰的力量。革命青年有力挽狂澜的信仰，中国共产党有共产主义的信仰。无数的史实也证明了，党的领导是正确的，是历史必然的选择，是中国唯一的希望。党通过上大这一国共合作的产物，开辟宣传阵地，注重对群众的革命教育，发挥战斗堡垒的作用，革命火种以燎原之势传播。

  进入新时代，和平与发展虽仍是时代的主流，但平静之下暗流涌动，机遇与挑战并存。这就要求青年学子们更要做时代的弄潮儿，承担起时代重任，回应时代召唤。通过树立伟大理想，锤炼品德修为，敢于拼搏奋斗，放飞梦想，永远听党话、跟党走，秉持一颗热忱之心，为社会主义现代化强国的建设添砖加瓦。

  百年上大，人才辈出。即使跨越了百年时空，但依旧能从画传中感受到当年上大师生的革命气质。

  俗话说"十年树木，百年树人"，曾毁于一旦而又涅槃重生的上海大学已走过百年，涌现不少光辉闪耀的名字。新老上大人相会于画传，延续同一种血脉，传承同一份精神，许下同一个誓言，自强不息，只争朝夕。

百年上大,百年荣光

朱婷婷

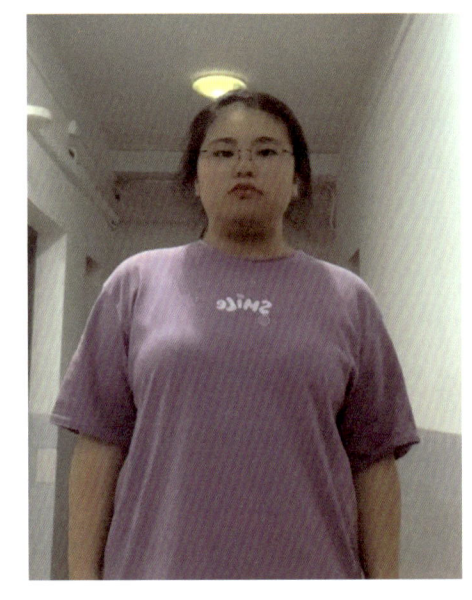

上海大学,最初成立于1922年,由共产党人主导、与国民党人合作创办,至今已有一百年的历史。在这一百年里,它见证了中国人民对帝国主义的反抗,见证了中国人民齐心协力建立抗日民族统一战线,并最终将侵略者从我们的国土上驱逐出去,见证了自新中国成立以来的种种成就与挫折,见证了新时代下的中国走向繁荣富强……

这一路,它陪中华民族经历了太多太多。而它自己本身,也经历了从建校到关停,再到重新建校的历程,这百年,虽风雨飘摇,但它始终坚挺,最终成为现在这般欣欣向荣的模样。

上海大学诞生于一个战乱的年代,在当时,它一度是与北大齐名的高校,虽然后来随着时代的发展和国家建设的需要,它不再像曾经那么耀眼,并在1994年进行了合并重组,形成了新的上海大学,但它始终是它,上海大学的底蕴始终摆在那里,并且,它也在不断地随着时代的发展而发展,努力增强自身的综合实力,也成为新时代中国的一所优秀的红色学府，在努力焕发着自身的光芒，努力为中华民族的伟大复兴贡献力量。

著名的爱国科学家钱伟长院士在1994年，新上海大学成立之际被任命为校长，并在校训"自强不息"的基础上加上了一句"先天下之忧而忧，后天下之乐而乐"，充分体现了钱伟长先生想传达给上大学子的期望：要将百姓之忧、国家之忧、民族之忧放在心上，而这句话也是钱伟长先生一生的真实写照。他高考时，中文和历史满分，物理却只考了5分，被清华历史系录取，然而，入学不到一年便发生了骇人听闻的九一八事变，于是他毅然决然弃文从理，用一年的时间苦学，成功转入清华大学物理系。新中国成立后，他历经万难回到祖国，为祖国的科技事业作出了不可磨灭的贡献，培养了大批科技人才，与钱学森、钱三强一起被周恩来总理称为"三钱"。钱伟长先生执掌上海大学后，亲自主持了上海大学宝山校区的规划设计，可以说为上海大学倾注了他毕生的心血和智慧。

无论是1922年老上海大学的建立，还是1994年新上海大学的建立，上大始终有着相当优秀的师资力量和教学资源。1922年，于右任先生担任上海大学的校长，而在教师中，最出名的恐怕当属瞿秋白先生，他创立的社会学始终是上海大学的招牌专业，时至今日，上海大学的社会学在全中国的高等院校中依然名列前茅。而自1994年新上海大学成立以来，上海大学也不断地吸收着优秀的师资力量，聘请多位院士作为教授，为学生提供更好的教育资源，为国家培养更多更加优秀的人才，以为国家的建设添砖加瓦，贡献着上大的力量。

除了在专业知识上加强对学生的培养外，上大还始终重视对学生的思想教育，不断加强对学生有关党的知识的教育，加强党的建设，定期为学生开展有关党的知识的讲座、展览和考察活动，鼓励学生努力成为一名合格的党员，并指导学生定期完成"青年大学习"的实践，让学生除了对党的历史有更加深刻的认识之外，也让学生对党的时事有着更深入的了解，使学生全面认识党，深入了解党，更加深刻地体会到中国共产党的伟大,激发学生对共产党的爱戴,培养学生为国为民的思想觉悟,为培养能担当民族复兴大任的时代新人作出上大这所红色学府应有的贡献。

在教学和党建外,上海大学还积极培养学生的兴趣爱好和实践能力,上海大学共设立了几十个社团,让学生们在学习之外的时间,有更多更好的兴趣活动和实践选择,除了社团,上海大学每年还会定期举办一些活动,比如"百团大战"、菊花展、体育节、趣味运动会等,为校园增添了一抹别样的青春色彩。同时,上大还鼓励学生进行志愿活动,设立了专门的奖学金,希望学生在学习之余,更多地关注社会、为社会服务,培养学生的社会意识和实践能力。

百年以来,上海大学经历过辉煌,也承受过苦难,可它始终尽职尽责地履行着为国家、为社会输送人才的责任,不断求实创新,增强学校的师资力量,完善学校的教育资源,加强党的建设,培养学生的兴趣爱好和社会实践能力,这些都是上大对学生的殷切期望——期望通过大学教育让每个学生成为更好的自己,成为一个全面发展的新时代优秀青年,成为一个对社会有用的人,成为一个能为实现中华民族伟大复兴梦做出贡献的人。

今日,上海大学使我感到荣光;愿明日,上海大学能为我感到荣光!

追忆上大芳华 愿谱今日新章
——读《百年上大画传》有感

陈慕阳

这是满载人们丰沛情感的2022，这是欢欣收获的2022，这是承载历史的2022，这是继往开来的2022，这是上海大学建校百年的2022。是奇妙的因缘际会，是心底对红色学府的憧憬和向往，是对更完善自我的追求，让我在如此特别的一年来到上海大学，见证她的百年芳华。上海大学送给每一位新生的第一份礼物，便是这本沉淀着厚重历史，却又轻盈地凝百年征程于掌心的《百年上大画传》。我欣喜，深沉的历史宛若灰烬几捧，上海大学用这样新潮简明而有温度的方式，向无数后来者重塑灰烬的原型。这般举动，何尝不体现着对百年上大优秀传统继承者的重视和期许，令人心生暖意，更觉重任在肩。

我曾读过许多文章，描写上大的百年多么辉煌；我也在这里书写，讲述我所了解的这百年。这些概括性的文字带来的感受，都无法与我阅读《百年上大画传》时，一点一点跟随着图像中时间的变迁，仿佛我也是那段光辉岁月的亲历者一般的心灵震撼相比。图片有着最直观的视觉冲击，画传仿佛一位引路人，带着我穿越时间长河，感受百年洪流，获取前行力量。

百年征程，荣耀与坎坷交织，战火中不灭的红色信仰，硝烟里难凉的爱国热血，狂风中坚挺的教学事业，暴雨里奋进的上大青年。

让我深深被触动的，是最初的上大师生创办上大的历程。借国共合作的东风，上海大学的诞生注定不同凡响。发轫于风雨飘摇的岁月，道阻且长赋予其坚忍顽强的异彩。从青云里走出，第一批上大人怀揣着青云直上的理想来到这里，来到进步青年的摇篮，一大批接受过红色教育的青年知识分子从这里走出，带着中国人民的共同理想，红色星火由这里散播出去。

先人伟大的丰碑矗立，高山仰止，景行行止。面对残酷的现实，老上大人没有退却，高扬鲜艳的红色旗帜，在断壁残垣中绽放出绚丽高傲的花朵。五卅运动中挺身而出的老上大学子，他们的勇气与无畏，让我深感敬佩；他们经受的苦难与挫折，让我倍感痛心。我骄傲于我是一名上大学子，只因在最初，是这些英勇的先辈，用坚苦卓绝的努力，赋予这个名号无尽的荣光。我沐浴在前人的光辉下，我站在和平的阳光下，上大学子的身份代代传承，其所拥有的美好品格与精神也将穿过时空的壁垒，代代相传。

作为一名刚踏入上海大学校园的新上大人，我不禁陷入思考：百年前的上大，究竟给我们留下了什么？是追求真理的执着，是发愤而起的勇气，是视死如归的魄力，还是敢为人先的敏锐？老上大留下的精神财富是说不完、道不尽的，这一百年的历史，值得我们一读再读，不断发掘，这是一座精神的宝库、文化的馆藏，是我们信念的支柱、自信的底气。

回望历史永远是为了现实服务，百年辉煌已在我们身后，我们要走好我们自己脚下的路，回望是要我们记得来时路，不忘初心与使命。

上海大学的百年，是不忘初心与使命的百年，上大人始终走在为祖国培养人才的路上，始终走在为祖国发展建设而努力奋斗的路上，为党为国为民的底色始终不变，红色作为其底色一以贯之。同时，回首过往，我们当然有理由自信，我们站在巨人的肩膀上，我们走在正确的道路上。

如今，新上海大学的发展方兴未艾，各学科建设如火如荼，文化思想建设如日中天，红色基因将百年前后的上海大学紧紧相连。在上大生活和学习的这些时日，我能在日常生活中的许多地方感受到百年前红色血脉对如今上大的深刻影响。校园里随处可见的红色宣传，老师、同学们的高素质、高水平，活动安排里的红色教育、班团建设、红色讲座……上大人在用实际行动赓续百年前的红色血脉，传承红色基因，培养红色人才。

《百年上大画传》定格了并追忆着早已成为历史的一百年，新的征程在每一个新上大人的脚下，我们正带着百年来的优秀历史传承，以昂扬的精神面貌，向着下一个百年奋进，前进永不止步。

回眸百年征程,展望红色未来

沙 卓

回首百载,社会黑暗,民不聊生,国人如置身于水火,国家如大厦之将倾。现今国人,舍身忘我,追求真理,创上大以经世济民,育人才以匡扶苍生。抚今追昔,沧海桑田,国泰民安,革命红遍大江南北,华夏民族立世界之林。在中国共产党的坚强领导下,上海大学全体师生同心聚力,勇往直前,踏遍风雨征途,怀揣革命理想,展望红色未来。

发轫青云,百年上大续荣光;奠基宝山,红色学府谱新篇。

横跨历史峥嵘岁月,风云激荡;感受当今祥和盛世,东风入律。上海大学,发轫于青云里,诞生于新旧交替的革命年代,在中国共产党和国民党酝酿合作的背景下,由共产党人主导,与国民党人合作创办。创办之初,攻坚克难,吸引四方有志青年,为中国革命和建设汇聚、培养了大批优秀人才。流淌红色血液,延续红色传统。在瞿秋白、李大钊等共产主义战士的努力下,上海大学培养了众多跻身革命的无产阶级革命家。在浩浩荡荡的革命斗争里，有太多上大师生舍生忘死的背影，其中不乏蔡和森、恽代英、邓中夏、张太雷等中国共产党的早期领导人。在1922—1927年这短短五年多的办学时间里，上海大学就赢得了"武有黄埔，文有上大""北有五四时期的北大，南有五卅时期的上大"的美誉。由于国民党右派的背叛，上海大学被迫停办，办学短暂但成就辉煌。为彰显时代特色，承担历史使命，延续上大传统，1994年5月27日，经国家教委批准，由上海工业大学、上海科学技术大学、原上海大学、上海科技高等专科学校合并组建新上海大学，奠基于宝山区大场镇。为发扬传统，培养人才，激励学子，新上海大学第一任校长钱伟长院士制定了"自强不息；先天下之忧而忧，后天下之乐而乐"的校训，鞭策着每一位上大人要心系祖国、胸怀天下，勇往直前、不负人民。

大学之大，不在大楼，而在大师。

成立之初，在国共合作与中国共产党广泛的引领下，上海大学成为一所充满革命热情的高等学府。在作为国民党元老的于右任校长的号召下，邵子力、陈望道、瞿秋白等大批思想先进、知识渊博的大师进入上海大学任职任教，使上海大学迅速得到发展壮大。教书育人，重在解放思想，培养敢于革命斗争的人才。一批中国共产党早期党员在培育人才的基础上，更积极发表大量文章、著作，结合中国实际，宣传和传播了马克思列宁主义，弘扬先进思想，使上海大学成为传播革命思想的重要阵地。播撒革命火种，深入人民群众。在上海大学师生的不懈努力下，学生回乡进行革命宣传活动，帮助各地建立中国共产党的地方基层组织，开展工人运动，领导工人罢工斗争。为批判国民党右派和反动派，捍卫革命胜利火种，上海大学师生付出了巨大的代价，作出了不可磨灭的贡献。新上海大学组建之时，在我国的力学奠基人、中国科学院院士钱伟长先生的带领下，黄宏嘉、徐匡迪、周邦新等大师齐聚上大，带领化工、材料、光纤等国家需要的高新科技领域齐头奋进。注重科技学科发展的同时，亦有顾骏等大批人文社会领域优秀学者,推动着上海大学在人文社科领域飞速发展。

先辈名留垂青史,少年志存士轩昂。

拥有了"上大"前缀的我,深知肩上的责任。从踏入上大校门的那一刻开始,我便树立"自强不息;先天下之忧而忧,后天下之乐而乐"的崇高理想。在观摩上大校史馆时,钱老校长的座右铭"归根到底,我是一个爱国主义者"让我深深感动。短短几个字,诠释了钱伟长老校长奋斗一生的精神源泉——爱国主义。无论我以后身处何方,身在何处,都不能忘记钱伟长老校长对于每一个上大人的殷殷期望——热爱祖国,心系人民。这是我来到上大进行的第一次思想的洗礼,胸怀祖国,心系社会和人民将会是我毕生的追求。在追求目标的过程中,我将快速适应上大快节奏的学习氛围,潜心向学;感受红色脉搏,紧跟时代脚步,深入贯彻上大校训,努力拼搏,自强不息,奉献社会,为伟大的社会主义建设、为中华民族伟大复兴贡献青春力量。

历史的尘埃终将散去,时代的车轮滚滚向前。画传里,前辈功绩已成历史;画传外,诸位征途仍在脚下。

探索真理长路漫漫,提升自己任重道远,筑梦之人砥砺前行!

与上大的诸位共勉!

何为"大学"
——观《百年上大画传》有感

凌 静

上海大学的历史可追溯至1922年10月23日,上大正是在国共两党酝酿合作的背景下,在中国共产党的主导下创办的。当时上大的学校领导大多是一群有志青年,有着丰富的求学经历、夯实的专业知识;同时心怀理想,面对内忧外患的中国近代社会,坚持探索中国出路,其中不乏《共产党宣言》的中文翻译者——陈望道、《国际歌》的翻译者——瞿秋白等革命先烈。然而我们不难发现,其实每个人任职的时间都不长,长则几年,短则数月,与现今从业几十年的老教师相比,显然都太短了。那为什么还要把他们放到画传中呢?只是为了一个"噱头",就像当今众多的"故居"景点一样,图个虚名、博人眼球吗?当然不是这样,上海大学在当时可是有着"北有五四时期的北大,南有五卅时期的上大"的美誉。北大是"五四运动"的舞台,上大则是五卅运动的高地。当时的上大从来都不是关起门来,让学生两耳不闻窗外事地"死读书"的，反而是传播新知识新思想的起点，西方思想中的民主、自由、平等就是从这里出发。上大的莘莘学子在时代的感召下，勇挑历史责任，坚毅地走上街头去游行、去示威，坚定地向帝国主义、官僚主义、封建主义发起反抗。

《大公报》上曾有这样的一句话："此刻国运艰难，愿诸君奋勇向前，愿来日我等后辈远离这般苦痛。"我想，当时上大的诸多青年知识分子应该都是怀揣这样的宏大梦想与坚毅决心。

所谓大学者，从来都是一个窗口，一个眺望世界、融入世界的窗口；大学传授的从不是记忆层面的知识，而是看待世界的不同视角和理解世界的不同方式；学生通过大学的求学经历，要培养对差异的谦逊、对主见的坚持。

上大学子有一种明亮而不刺眼的光辉；一种圆润而不腻耳的声响；一种不再需要对别人察言观色的从容；一种终于停止向周围申诉求告的大气；一种不理会喧闹的微笑；一种洗刷了偏激的淡漠；一种无须声张的厚实；一种能够看得很远却并不陡峭的高度，这就是上大学子的特有的"成熟"。我想这才是将这些优秀的青年编入画传的目的，用鲜活的脸庞告诉我们这些后之来者：坚持学习，怀揣梦想，勇担责任。

当今的上海大学由上海工业大学、上海科学技术大学、原上海大学和上海科技高等专科学校四所大学合并而来，因而，上海大学在综合实力以及综合发展层面有较大的潜力，迄今，美术学院、新闻传播学院、音乐学院、医学院等先后落成，吸引了来自全国的诸多优秀学子。除了专业选择，在具体的课程学习和考核中也加以完善。上海大学通过对教育教学的改革，丰富了课程选择，覆盖人文、艺术、政治、经济、科技等多领域；在教学考核中突现"2P"原则——Process和Produce，与传统的教育模式相比更加注重教育的过程和实际的产出，有利于挖掘学生个人的天赋与潜能，凸显学生的全面发展。

上海大学关注校园文化的多样化建设，除却既有的课程，另设课外活动供学生自主选择，体现对学生选择权和时间安排的尊重；各色学生组织与社团为学生提供了实践的平台和渠道,在这里,学生们可以扩大自己的社交圈,克服与人交流的焦虑,找到志同道合的伙伴,发展个人的兴趣爱好,培养个人领导力和组织力。

我是一直赞同这样的观点的:事物的发展从来不是看它在某一个时刻怎么样,而是看它发展的趋势。虽然,当今的上海大学还未成为"顶流",但只要其中的人抱定决心,以"成才"为宗旨,去培养或是成为国家需要的人才,投身国家建设,"顶流"便指日可待。

新时代下,上海大学立志成为具有新思想、新文化、新视野的教育基地,为国家可持续发展培养具有综合素养的专业人才。而对于和我一样的上大学子,则要"咬定青山不放松",为求学而来,关注自身学识、眼界、思维的多方位多层次发展,把握每一次机会,勇于尝试,善于实践。

每个时代的人有每个时代的人的使命,对于今天的我们而言,我们都是新时代的奋斗者、复兴中华的追梦人。我们要不忘初心、牢记使命,不为所谓的"名头"而去追求形式上的"看头"。我们一起脚踏实地,撸起袖子加油干,未来的上大成为"顶流"不是梦,中华民族伟大复兴的中国梦也一定会实现!

百年激荡,百年争创

陈汝楠

1922年到2022年,这一百年是一部近代中国不断抗争,新中国不断奋进的一百年;1922年到2022年,是一部上海大学青云发轫,播撒革命火种,为进步事业前仆后继的一百年。

历史的烟尘滚滚,发展的步履不停,我们从血与泪中走来,披荆斩棘,风霜雨雪,铸就中国特色社会主义的奇迹;前进的车轮轰鸣,攀登的劲头不减,我们曾扎根于西摩路132号,一路高歌,突飞猛进,书写今日上海大学的华章。可以说,上海大学的发展史,就是中国的奋斗史;百年坎坷岁月,上大与中国共奋进、共前行。

且看峥嵘岁月里的种种激荡。

20世纪前半叶,整个中国都笼罩在一片风雨飘摇之中,恐怖的阴霾笼罩在中华民族儿女的心头。腐朽落后的晚清政府丧权辱国,中外反动势力互相勾结,共同镇压爱国主义革命势力;辛亥革命后的革命果实被反革命军阀窃取,各种反动势力倒行逆施,鱼肉百姓;四大家族掠夺压榨百姓生计，三次复辟挑战国民革命底线；日本军国主义入侵中国领土，中华母亲在枪林弹雨和炮火连天中呻吟不止；与此同时，国民党右派打死打伤上海大学学生黄仁，激起社会舆论哗然；反动巡捕公然逮捕游行示威的上海大学学生瞿景白，打死上海大学学生何秉彝，罪恶滔天；租界当局巡捕势力搜捕查封上海大学，租界军方无理要求校方赔偿，荒唐至极；1927年5月上海大学被国民党当局封闭，近2 000名学生在社会上遭受不公正对待。

20世纪后半叶，伴随新中国成立而来的是难以想象的挑战与困难。新生的中华人民共和国在国际社会上遭到以美国为首的西方国家的外交封锁，无法获得应有的外交地位；中苏交恶后边境剑拔弩张，气氛紧张；国内政治风波导致社会主义建设停滞不前；拨乱反正后的中国面临市场经济和计划经济的艰难抉择；作为上海大学前身各分校——上海工业大学、上海科学技术大学、上海科技高等专科学校相继成立却举步维艰。

然而，就像波涛汹涌的大海无法阻挡船只乘风破浪的步伐、与生俱来的渺小无法抵挡人类探索宇宙的决心一样，激荡是奋进的底色，没有激荡的社会，哪有争创的空间？越是激荡的环境下，我们越发有前行的动力。在风雨飘摇中我们越挫越勇，在腥风血雨中我们斗志昂扬，社会越是种种激荡，我们越是种种争创。无论是军阀混战时期，还是国民党反动统治时期，无数仁人志士都没有选择麻木放弃。孙中山先生先后领导多次护法运动，试图击碎袁世凯反动政府的复辟美梦；中国共产党在斗争中成长，在斗争中学习，在国共对峙期间积累了丰富的经验教训，打下了重要的群众基础。上海大学创办《孤星》等进步刊物，在全国范围内积极传播马克思主义思想，成为革命进步思想的重要宣传阵地。无论是各帝国主义国家划分势力范围，企图瓜分中国的艰难时期，还是日本军国主义大肆入侵我国，企图占领整个中国的危难关头，中华儿女始终坚持抗争到底，奋起反击。中国共产党反抗帝国主义文化入侵，组织"非基督教同盟"，上海大学师生积极投身宣传工作；抗日战争全面爆发后中国共产党领导全国人民展开抗日斗争，上大学生关向应任八路军120师政委，陈明任八路军115师政治部宣传部部长，周文在担任中华人民共和国开国少将……无论是新中国成立初期，还是改革开放初期，我们都齐头并进，共创辉煌。响应国家作出的工业生产向高、精、尖发展的决策，作为上海大学前身的几大分校相继设立，为新中国的工业建设输送人才；改革开放以来，社会需要能够更好地为经济社会服务的复合型应用型人才，上海工业大学、上海科学技术大学、原上海大学和上海科技高等专科学校合并组建新的上海大学，钱伟长校长提出将上海大学建立成世界顶尖的高等学校的宏伟目标。

上海大学的发展历程，与中国的历史发展息息相关。国家处在风雨飘摇中，上大势必不会袖手旁观；国家前进的步伐不止，上大发展的步伐也永不会停。百年的风云激荡，既是中华大地的激荡史，也是上海大学的激荡史；百年的自强不息，既是中华大地的生生不息，也是上海大学的欣欣向荣。上海大学与中国同呼吸共命运，携手向未来。

值此上大百年校庆的历史节点，作为上大学子，我们不会忘记自己肩负的复兴使命：下一个百年，恰是我们的时代。

雄关漫道真如铁,而今迈步从头越

赵边颖

猎猎风起,我们站在百年未有之大变局的路口上,面临着全新的考验。国家建设已然走到了新的阶段,而接下来的路应该怎么走?毛主席说:"社会主义制度的建立给我们开辟了一条到达理想境界的道路,而理想境界的实现还要靠我们的辛勤劳动。"

2022年入读上海大学,获得录取通知书时,我也读到了这一本《百年上大画传》。百年上大的峥嵘岁月,在我的眼前缓缓展开……

百年前,中国风云变幻,处在风雨飘摇之中,有志青年渴望有学府为其阵地。自1921中国共产党成立,国家也呈现出新的变机,在中国共产党主导,并与国民党人合作的背景下,1922年10月23日上海大学宣告成立。即使阻碍重重,上海大学依旧艰难办学,于乱世中获得了"文有上大,武有黄埔""北有五四时期的北大,南有五卅时期的上大"的美誉。当时,陈望道、邓中夏、瞿秋白等名师大家都曾在此任职任教,有志青年人才辈出。

那时无论是宣传和传播马克思列宁主义还是领导工人运动，都能看见上大学子的身影。我不禁心生感慨，在这艰难的五年里，上海大学竭尽力量为革命燃起星星火焰，尽管面对着国民党反动势力的强制封闭，也依然心存希望，不断抗争，于右任老校长不惜与国民党当局一再交涉。也许正是这样的抗争精神，这样的红色基因，这样无法磨灭的希望与团结，才为上海大学的涅槃注入了力量。

新中国成立以后，国家百废待兴，到了急需人才的时候。面对着这样的局势，上海高校纷纷建立，其中就包括上海工业大学、上海科学技术大学和上海科技高等专科学校。改革开放以来，上海乃至全国更急需综合型人才，新的上海大学在此背景下由上海计算技术学校、上海科学技术大学、原上海大学和上海工学院四校合并组建。这所全新的红色学府，在各个领域为新中国的建设培养人才，为我国的教育事业和科技事业作出了巨大的贡献。

四校的合并源自历史渊源，也有各方人物的努力。追溯到此，我仿佛于画传里看到了合并组建初期的上海大学，它生气勃勃，意气风发。上海大学不局限于国内的发展，也广泛地开展国际交流，钱伟长老校长高瞻远瞩锐意改革，为上海大学的发展谋划了宏伟蓝图，我不禁为其长远的发展眼光感到敬佩，为能就读于此心生骄傲与荣誉。

时至今日，上海大学披荆斩棘，迎风破浪，已然是国家"211工程"重点建设的综合性大学，属于教育部"双一流"建设高校，但上海大学不止步于此，而是更加努力建设成为世界一流、特色鲜明的综合性研究型大学。秉持着"自强不息；先天下之忧而忧，后天下之乐而乐"的校训，以及求实创新的校风，上海大学在以钱伟长老校长为代表的一代又一代上大人的领导下获得了众多荣誉。实践是检验真理的唯一标准，但真理也是在不断进步的，上海大学经过一年又一年的教育教学改革，广泛地开展了一次又一次科研创新，不断完善多领域人才培养机制，使得上海大学为新时代下祖国的繁荣发展再添华章。

于我个人而言，作为一名新时代青年，得以进入这样一所拥有百年历史的红色学府,与众多革命先烈成为校友,接受着高品质的教育,何尝不是一种幸福呢?我亦深感责任重大,恰如校训中所说"先天下之忧而忧,后天下之乐而乐",唯有不断提升自己的能力,才能接过父辈的旗帜,于新时代迈步前进。恰如鲁迅先生所言:"我们自古以来,就有埋头苦干的人,有拼命硬干的人,有为民请命的人,有舍身求法的人……虽是等于为帝王将相作家谱的所谓'正史',也往往掩不住他们的光耀,这就是中国的脊梁。"既为中国青年,当有铮铮铁骨,担负起新时代的责任。

  雄关漫道真如铁,而今迈步从头越。曾经历经过的苦难,会成为勋章,激励着我们前进,如今我们于时光中沉淀,将在新时代的风口上如鲲鹏展翅一般,入九天揽月,托举起共和国的明天。

共同的寻觅

陈姝君

最先映入眼帘的是纯粹的红色，缀着点点星火，亦如由万千先烈前仆后继铸就的上大历史，发轫于红色，燎原于星火。百年伟业流长，传统世代弘扬。

我至青云里旧式石库门建筑溯源，又循西摩路看校舍几经辗转，直至它被淞沪抗战的硝烟吞没。《孤星》熠熠，《文学》广启民智，《上大的使命》用它播下的火种滚烫地铭记了那个纷乱的年代、那个百孔千疮的废墟之上，谁曾屹立。

前哲英贤伟业不朽，李大钊先生多次赴上大，三尺讲台之上至今仍声震如雷；细雨下的莘莘学子，足以担当得上所谓"孺子可教"；何秉彝、黄仁等先烈以身践行革命精神。面对为了革命而牺牲的同伴，何秉彝立下"尽我这残生，继你的素志，为革命而战"之誓言，他甘洒热血、声声竭力呐喊："打倒帝国主义！中华民族解放万岁！"再缘历史寻觅，1994年5月，新的上海大学合并组建，钱伟长校长题写校训——自强不息，希望上大学子赓续先辈红色基因，弘扬星火，将革命精神代代相传。

画传上没有慷慨激昂的赞歌，没有感人肺腑的事迹。它没有浮华滥调、辞藻堆砌的歌颂，也鲜有无病呻吟的痛苦追忆。昔日辉煌的成就，昔日腐败的东南高等专科师范学校，昔日被战火吞没的校舍，昔日被批为"赤色大本营""煽动工潮、破坏社会秩序的指挥机关"而被强行查封的上海大学，百年坎坷，不过几张书页，不过寥寥几笔，于历史自然也是如此。数语白描，正如历史本色，或是某种精神的隐喻，那么被反复强调的究竟是什么？从扉页到末尾，一以贯之的又是什么呢？书页一页页翻过，答案便愈显得明朗。

上海大学的校训强调了"自强不息"，价值追求也提及了"先天下之忧而忧，后天下之乐而乐"。是的，群星的闪耀不在于自身之亮度，而在于其用光芒照亮的广袤。这在画传中可见一斑，上大的革命先辈从不汲汲于追寻自己的功名利禄，而放眼于国家的危难和人民的幸福。他们慷慨赴死，是为了更多的人好好活着；他们自强，是为了将所学报效祖国。他们深知与其感叹世味难咽，不如沉心钻研如何"养成建国人才，促进文化事业"。他们或许也怀揣着理想的浪漫主义，但他们身上却肩负着更深重的使命，从而使得他们愿意放弃他们拥有的一切，甘愿鞠躬尽瘁。由此，何秉彝、黄仁赴死的缘由，李大钊先生用生命所践行的"勇往奋进以赴之""瘅精瘁力以成之""断头流血以从之"的革命誓言，与上大校训被寄予的意义，大概也是"其志一也"吧。

然而揆诸当下，精致的利己主义的泛滥、"内卷"的汹涌之现象比比皆是。躬耕不辍固然无可指摘，但倘使世人只囿于自身的完善，而对民生多艰、国之大计视若无睹，那便少了所谓的浩然之气。面对冷门的专业有人避之不及，害怕因此葬送前程，这固然可以理解，然而钱伟长校长的一语却振聋发聩："国家的需要就是我的专业。"钱伟长校长一生学过几十个专业，科研生涯涉及几十个领域。每一次自我的突破都是为了国家，每一次自强都是为了一个行业的进步。一代又一代上大人因此得以超脱个体的局限，拓宽了生命的厚度与广度。于是，便似乎明白了"自强不息"与"道济天下"间的深刻关系，就是缺一不可、相辅相成——自强以为天下谋福祉。

摩挲其中文字，不难发现，上大历史是紧随中国共产党的命运起伏的。发轫红色，在中国共产党的领导下，创办进步刊物，积极投身工人运动，领导工人罢工，奠定了它红色学府的革命基调，它是坚强的革命堡垒，是自强的红色学府。上大历史也紧随历史潮流，新时代下的它不断革新，学分制、选课制、短学期制的创新，科学思想、人文思想、和谐教育思想和美育思想的兼容并蓄，不断发展教育、培育人才。

历史的存在无可避免地自然倾告着它的背面——失去与遗忘，然而只有握住了历史，才能守住自己的根与魂，画传就如同一把火炬，将上海大学的红色基因和革命精神代代相传。作为新时代青年，此后该我辈出发，万般踥蹀，以青春之名在新时代不懈奋斗，建功立业，自强不息，谱写出新的征程。

缅怀先烈

百年上大正青春　奋烈拼搏自当时

沈劲松

我曾在无数个瞬间和你相逢。当我驻足桥边，静观那满湖金光、涟漪潋滟的泮池时；当我经过溯园旁的旧校址，凝视它的红墙黛瓦，听见它依旧不息的脉搏时；当我走进东区，和钱伟长先生的塑像四目相对时……我有一种想要重新认识你的冲动。我再次翻开了这本《百年上大画传》，凝望每一幅图片，细读每一段配文，就像在翻阅一本记录了你从稚气未脱的孩童变成鲜衣怒马的少年的相册。

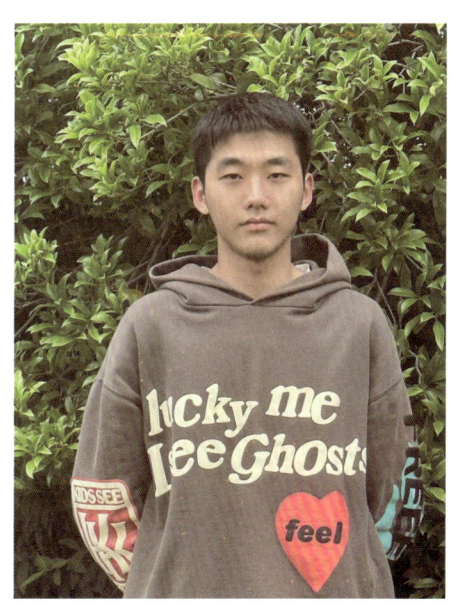

翻开第一页。彼时你年方少，如孩童学步般，努力在支离破碎的山河间站稳脚跟。

那是中国探索出路的一年，平静之下暗流涌动，时局异常复杂，内忧外患，民不聊生。那时，新文化运动达到高峰，中国共产党初具雏形，人们举起"民主与科学"的大旗，高呼自由与平等，势要与顽固的封建势力斗争到底。

在这样的时局之下，陈独秀和李大钊一席人开始思索建立一所培育共产党骨干的高等学校。就这样，你应运而生，带着一代人对未来欣喜的期盼，载着无数仁人志士的希冀，降临在这片红色的土地。自你诞生，无数学子也加入了革命的行列。他们呐喊，他们发声；他们走上街头宣讲，反抗不公与压迫；他们以沉默为耻，不做待宰的牛羊；他们甘愿以自己的血肉之躯堵住敌人的枪口，启蒙民众的思想，换取彼时中国美好的未来。无数经你栽培的青年知识分子纷纷走上革命道路：杨尚昆、王稼祥、秦邦宪、丁玲、戴望舒、匡亚明、王一知……你不负革命前辈的谆谆教诲，无愧于他们的殷切企盼与期望，完成了自己的历史使命。

　　他们的名字都化为历史的注脚，逐渐隐入历史的尘烟。但我欣喜地看见，你亲眼见证了这段历史，并誓要带着这段红色的记忆，坚定不移地走在他们亲手开辟的道路上。你是他们的承诺，你是他们的遗产，你是他们给中国的未来留下的礼物，你是他们亘古的回声。我清楚地看着你跌跌撞撞地长大，曲折地走向他们所说的那个未来，奔赴新生。

　　我看着你沿着历史的脉络一路走来：从学生要求改组校务，邵力子担任代理校长，到逐渐发展壮大，成为传播马克思列宁主义的红色学府；从国民党当局强行封闭校门，学校不被承认再到20世纪90年代四校成功合并；从部门通过预审，启动建设"211工程"到两度入选国家"双一流"建设高校名单；从百废待兴到学术、文艺蓬勃发展……我仿佛能看见你历尽百年风霜、行遍崇山峻岭后，那颗依然赤诚、分外热烈的赤子丹心，那股青山不改、细水长流的少年意气，那种看尽沧桑、笑观前生的不息活力。"萧瑟秋风今又是，换了人间。"而今天，我们看到新时代的上大人正以他们久久为功的坚韧，昂扬积极地续写前人的丰功伟绩：进博会的"小叶子"不乏出现上大人的身影，各类高峰学术论坛的圆满举办，与东京大学的合作交流，搭建交流互鉴的合作平台……

　　"如月之恒，如日之升。"百年之于一所大学，正是青春有为的年纪。此般青春，是烈烈朝晖的肆意燃烧，是干将发硎的熠熠光辉，是少年意气的沸腾热血。我如今何其有幸，能将自己的青春四年与上大的青春交汇融合。同时，我深知百年之于新一代上大学子，是硕果累累的丰收季，也是继往开来的历史原点。我辈自当铭记"自强不息；先天下之忧而忧，后天下之乐而乐"的校训精神，发扬"求实创新"的校风，延续前人传承的红色基因，成为担当民族复兴大任的时代新人，做朝气蓬勃、好学上进、视野宽广、开放自信的新时代大学生，成为国家不负众望的可爱、可信、可为的一代。

在上大百年的新起点，我愿接过时代的接力棒，以青春之我建设青春之上大，建设青春之强国。

百年上大与有荣焉，踵事增华青云发轫。让我携着你的手，共同奔向百年再出发的原点，以我之青春，再谱上大发展历史新篇。

百年上大薪火相传，溯园学子使命担当

王璨璨

翻开《百年上大画传》，一张张蕴含着非凡历史意义的照片映入眼帘。在那个年代，在那所学府，一大批中国共产党早期党员和党的领导人为革命奋斗，他们都在上海大学留下了属于他们的印记。

上大学子，当赓续红色基因。

"北有五四时期的北大，南有五卅时期的上大"，上海大学师生在党的领导下，积极投身到这股滚滚的革命洪流中，充当了五卅运动的先锋，起到了主力军的作用。

上海大学作为红色学府，是中国共产党在上海最活跃的基层组织之一，是中国共产党早期革命的坚强堡垒。回望上海大学校史，邓中夏、瞿秋白等中国共产党人到上海大学任职任教，李大钊多次来到上海大学发表演讲。在那战火纷飞的年代中，他们不畏险阻艰难办学，为无数学子传播科学文化知识，宣传马克思列宁主义，将上大学子的红色血脉不断发扬。在这青春正当时，日新月异变化中，上大学子当赓续红色基因，传承红色血脉。不仅如此，我们更应该勤奋为学，提高自己的思想道德素养，面对信息时代各种思潮的相互激荡，不忘传承革命文化，赓续红色基因。

上大学子，当为学须先立志。

朱熹谈及："为学须先立志。志既立，则学问可次第着立。立志不定，终不济事。"回望《百年上大画传》中的上大学子，是正值意气风发的龙大道，立志离开贵州外出求学，不惜千里迢迢漂流；是毕业于上大的张庆孚，积极开展陕北工作，为解放军培养军需人才；是参与上海大学创办的邓中夏，对党的忠诚始终不变，同时也是杰出的工人领袖；是上大学子王步文，在这奋斗百年路上，用鲜血浇灌自由之花；是"八一洪流绽芳华"，上大学子投入南昌起义的光辉历史；是上大学子关向应，忠心耿耿，为党为国；是上大学子王稼祥，铮铮铁骨，赤胆忠心……这诸多上大学子用他们的革命经历告诉我们，意气风发的时代青年当未学先立志，我们才能更好地为这所立之志而努力奋斗。

立大志方能突破小我，成就大我，超越眼前，开创未来。青年学子的我们，大志之大，在于为国为民奉献之多，在于今后无论在什么岗位，都要有崇高的理想信念，要为实现中华民族伟大复兴而奋斗。

上大学子，当青春笃行不怠。

昔日上海大学秉承"养成建国人才，促进文化事业"的办学宗旨，如今上海大学践行"自强不息；先天下之忧而忧，后天下之乐而乐"的校训精神。在诸多优秀的上大学子中，有为国捐躯的烈士、著名的学者、诗人以及剧作家。他们在各个方面都有着杰出的成就，坚守着自己的初心，为上海大学增添了一份新的光彩。而作为上大学子的我们，在百年上大的学术氛围的熏陶下，应当不断提升自己的素养与综合能力。身为青年一代的我们，前途光明的我们面临着诸多挑战，而我们将以青春之名，向百年上大献礼。在这红色学府绽放属于自己的绚丽之花，在实践中奋楫笃行。

从1922年到2022年，上海大学走过了一个世纪的光辉历程，为国家和民族的发展作出了不可磨灭的贡献。上海大学仍在不断发展中，如今的上海大学是国家"211工程"重点建设的综合性大学、教育部与上海市人民政府共建高校。这一切离不开钱伟长校长对于上海大学的锐意改革。随着时代发展，上海大学正在努力建设成为世界一流、特色鲜明的综合性研究型大学。作为社区学院经管大类的大一新生，初来乍到我便感受到上海大学浓烈的学术氛围，带着录取通知书中溯园模型的初步印象，我参观了溯园，更加感受到了上海大学浓厚的红色革命文化。

青春至美是担当，勇担大任、勇挑重担是绽放青春风采、实现人生价值的必由之路。我想，作为大一新生、作为上大学子，我们定能在这所百年红色学府中逐梦奔跑，永葆上海大学的情怀。

我们身逢盛世，肩负重任，我们必将"在攀登知识高峰中追求卓越，在肩负时代重任时行胜于言"。

忆百年红船初驶，请长缨以继盛世

王 杰

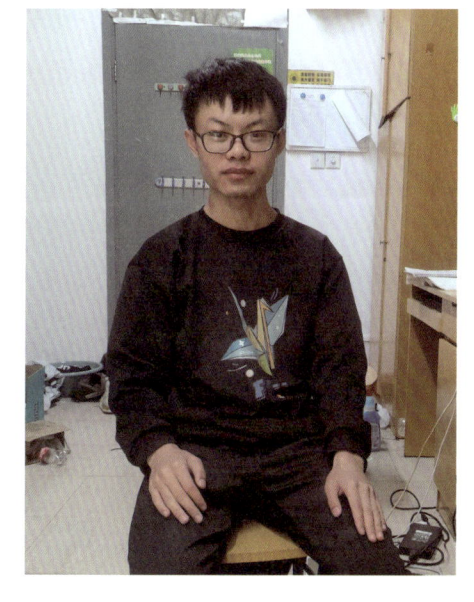

一百年前，嘉兴南湖上一条小船缓缓驶过；一百年前，上海青云里内一座红色学府悄然成立。胸怀千秋伟业，恰是百年风华。百年后的中国共产党已成为举世瞩目的世界第一大执政党；百年后的上海大学已成为传承红色基因的精神殿堂。

百年再回首，我们感慨于中国共产党的不忘初心，我们钦佩于中国共产党的砥砺前行；百年再回首，我们惊叹于上海大学的精神传承，我们动容于上海大学的积极进取。然而，辉煌已成过去式，盛世自当少年行。在这个"百年未有之大变局"的新时代中，上大学子们自当牢记使命，勇于开拓，忆百年红船初驶，敬之爱之，请长缨以继盛世，奋之勤之！

青云发轫，校址几迁。1922年10月，位于闸北青岛路的东南高等专科师范学校因校政腐败被改组，重建定名为上海大学，于右任应邀担任第一任校长。"千磨万击还坚劲，任尔东西南北风"，在成立之初到1927年的短短五年时间内，上海大学校址几经变迁。从青云里到西摩路，从西摩路到方斜路东安里，从东安里到青云路师寿坊，上海大学在时局动乱中迁移的是校舍，不改的是初心！

纵使几载迁移，上大从没有忘记培养优秀人才的使命，从未改变传承红色基因的精神本质。作为一名上大学子，我们自当传承并弘扬这种不忘初心、牢记使命的精神，坚定信仰与信念，在实现中华民族伟大复兴的道路上砥砺前行。

十年树木，百年树人。1923年12月，《上海大学章程》由邓中夏主持制定完成，其中明确提出上海大学办学宗旨为："养成建国人才，促进文化事业。"一如晏殊《风入松》中所说的那样："若是初心未改，多应此意须同。"建校百年来，上大始终秉持着这一办学宗旨，为党和国家培养出了许多优秀人才。他们中既有著名社会活动家，也有一流的学者作家；既有中共领导人，也有为国捐躯的烈士。坚强如王步文，在上大学成后，担任中共安徽省委第一书记，年仅33岁便英勇就义；勇毅如龙大道，在上大毕业后，积极投身革命事业，却遭受敌人迫害，成为"龙华二十四烈士"之一；不屈如武止戈，在上大学成后，推动和协助建立抗日同盟军，并在对日战斗中英勇殉国。天地英雄气，千秋尚凛然。他们，是上大的骄傲，是上大的灵魂，更是我们的榜样，是我们前进的力量！

浮舟沧海，立马昆仑。继千古英烈之志，承百年上大之魂。正如狄更斯在《双城记》中所写的那样："这是最好的时代，也是最坏的时代。"这世界有太多精彩，所以有人敢拼敢闯，只为成国家之栋梁；这世界有太多喧嚣，所以有人"躺平""佛系"，只为图一时之安乐。正如俞敏洪所说："现在年轻人都躺平、太佛系的话，国家的未来靠谁来做？"立于新时代的我们，作为一名光荣的上大学子，应当立远志，谋未来，成大才。不让"躺平"之人的双手遮住我们眺望远方的双眼，不让"佛系"之徒的言论蒙蔽我们倾听未来的双耳。我们应铭记上大校训："自强不息；先天下之忧而忧，后天下之乐而乐。"拒绝做娱乐至死的摆烂者，敢于做积极进取的开拓者。时代重任在我肩，未来华章由我书！

志之所趋，无远弗届。愿得此身长报国，何须生入玉门关？我们为耶鲁村官秦玥飞"我们说话的人太多，做事的人太少"的担当所慨叹，为救灾英雄陈陆"我会守好庐江"的承诺所动容，为抗疫志愿者"不计报酬，无论生死"的决断所震撼。我们也明白，"请党放心，强国有我"不是一句空口无凭的说辞；孙中山先生"惟我辈既以担当中国改革发展为己任，虽石烂海枯，而此身尚存，此心不死"不是一句一厢情愿的嘱托。以吾辈百年必死之生命，立国家千年不朽之基业，其价值之重可知矣。

东海扬尘，渊渟泽汇。犹忆百年红船驶，敢请长缨继盛世。我们不会忘记"你所站立的地方，正是你的中国。你怎么样，中国便怎么样。你是什么，中国便是什么。你有光明，中国便不黑暗"，在这个风起浪涌的新时代中，纵然国际形势波谲云诡，我们上大学子也敢于勇立潮头，做时代的弄潮儿！

愿以此心寄华夏,且将岁月赠山河
——读《百年上大画传》有感

吴雅雯

在收到录取通知书礼盒的那日,我便一口气看完了《百年上大画传》,并深深沉浸其中。我为上海大学青云发轫而激动,为许多仁人志士的英勇付出和砥砺前行所感动,为那一点点星火而自豪!

《百年上大画传》让我以一种新的视野再次领略了这一百年在党的带领下中国的变迁,回想一百年前一艘红船从南湖启航"不畏浮云遮望眼",载着风雨缥缈的中国就这么出发,走上了救亡图存之路。

百年前的革命先辈们,为了拯救病入膏肓的中国纷纷献计献策、浴血奋战,他们或是提出学习西方的器物制造的见解;或是提倡科学文化,提出教育改革;或是提出改革政治,最后经过实践证明只有中国共产党才能带领中国人民取得民族独立,实现国家富强,因为共产党员拥有"遥知百战胜,定扫鬼方还"的决绝,有"谓我不愧君,青鸟明丹心"的赤诚,有"驱驰一世豪杰,相与济时艰"的担当,有

"衣沾不足惜，但使愿无违"的执着，更有"封侯非我意，但愿海波平"的纯粹。

五千年岁月长河，已是过往；九百六十多万平方公里，皆是希望。昔日苦难不再，今日韶华长存，来日繁华可期。在当代中国，爱国主义的本质就是坚持爱国和爱党、爱社会主义高度统一。爱国从来不是一种潮流，它是奠定在骨子里的责任。

2020年6月，十八岁的戍边战士陈祥榕将自己的青春、鲜血和生命都留在了祖国边防线，我永远记得那个夏天，记得"清澈的爱，只为中国"给我带来的震撼；神舟载人飞船和核心舱实现自主快速对接彰显着如今祖国的强大；疫情肆虐时，原来的"95后"已经长大，在这场没有硝烟的战场上他们怀揣激情和使命，用责任和热血披荆斩棘，这些榜样们用行动证明最美丽的青春是以身许国，身为新时代的我们也当有此血性与豪情，护卫这一方山河无恙。

当代之新青年可谓是站在巨人的肩膀上，身体里永远流淌着爱国的血，更是要有居安思危的远见与临危不惧的沉着。

"受光于隙见一床，受光于牖见室央，受光于庭户见一堂，受光于天下照四方。"我们青年在与世界交流的过程中，也应拿出十二分的热忱，不忘初心，不畏强权，携手共铸一个崭新、明亮的天地，助力祖国昌盛。何谓中国青年？是以理想为马，挥鞭启程；是以奋斗为刃，披荆斩棘；是以实践为尺，知行合一。

报国乃志士之信念，吾辈当砥砺前行，以报国之志，扬大国风范。很感谢上海大学的这份开学礼物，《百年上大画传》中不论是上大的百年变迁，还是许多先辈的付出以及他们取得的成就，都向我传递了一种浓浓的救国救民的志向和以天下为己任的担当，激起了我心中的还未萌芽的凌云壮志与爱国热情，让我在即将步入大学之际更加明白我辈之新青年的使命与责任在于守护这个将我们护于羽翼之下的中国，护得华夏海晏河清，助力中华民族伟大复兴。

当然，作为一名大一的新生，我在之后的几年里更要努力学习，提升自己各个方面的能力，掌握更多的技能，知行合一，做实干家，要仰望星空并脚踏实地，希望今日我以上大为荣，明日上大以我为荣，可以为学校带来更多的荣誉，与上海大学共同进步，以后更好地为祖国的建设添砖加瓦。

"爱国主义始终围绕着实现民族富强、人民幸福而发展，最终汇流于中国特色社会主义。"奉献祖国，服务人民，既是吾辈之志，也是吾辈之责。我也坚信，岁月因青春慨然以赴而更加静好，世间因少年挺身而出而更加瑰丽。我们生在红旗下，长在春风里，人民有信仰，国家有力量，目光所至皆为华夏，五星红旗皆为信仰。

爱国，始终是青春的底色，生逢盛世，当不负盛世。

百年峥嵘岁月承载的是前辈们的心血，我辈青年应承"凌云志"，怀"爱国心"，风雨兼程，与中国一起奔向更遥远的前方，祖国护我成长，我为祖国复兴尽一份绵力，共创盛世之华夏！

胸怀百年星火，共续红色基因
——《百年上大画传》读后感

李思奕

星霜荏苒，居诸不息。回首踱躞，十二年苦读悄然远去；抬眼寻今，大学青春徐徐展开。翻开《百年上大画传》，上大百年来的变迁逐一在我眼前浮现：几易校址、追认学籍后深藏着红色印记；四校合并、共同办学中是向上的决心；教育改革、国际交流显示出鲜明特色；世代情缘、世纪相遇，是薪火相传不变的誓言！百年征程波澜壮阔，百年初心历久弥坚。作为上大建校百年的见证者，我自当明晰：胸怀百年星火，共续红色基因。

1922年10月，国共合作曾创建了上海大学，校长为于右任，教务长为瞿秋白。这是一所被誉为"武有黄埔，文有上大"的革命学校。穿越历史云烟，如今的上海大学是拥有悠久传统和红色基因的大学，是走过峥嵘岁月和光辉历史的大学：从几易校址、追认学籍到四校合并共同办学，从教育改革、国际交流到百年征程世代相遇，从泛黄的老旧照片到逐渐清晰的彩色高清图,从青云里发轫到不断扩建的校园……它的诞生、成长、发展和壮大,始终与国家和民族以及我们所在的城市同呼吸、共命运。百年上大,伟业流长。抚今追昔,一幅幅画面,一个个人物,一段段往事,串联起百年上大激情澎湃的历史画卷。

我的家乡是红色革命圣地安源,是中国共产党领导工人运动的策源地,也是湘赣边界秋收起义的主要爆发地之一。上海大学是中国共产党主导创办并实际领导的第一所正规大学,二者之间的红色联系无不向我展示着其中的微妙缘分。跨入百年上大的大门之前,"自强不息"的校训已经镌刻我心。自强不息,厚德载物,以此为向,拔节成长!

"先天下之忧而忧"自范仲淹的书卷里缓缓走来,"后天下之乐而乐"在上大人的秉训中厚积薄发,溯历史长河,此二者交融共筑,同频共振,构筑起中华民族的精神谱系。忆上大百年红色历程:宣传马列主义、播撒革命火种、建立基层组织、倾听红色教诲,无数革命烈士薪火相传、前仆后继,在上大师生心中播种下不灭的革命火种。而我作为一名光荣的共青团员,自当在此时领悟。建校百年,初心不变,家国丹心,引我前行!

放眼寰球,世界格局变幻莫测,我们正处于百年未有之大变局和中华民族伟大复兴战略全局的历史交汇期,内外环境的变革深刻改变了人类的认知方式和生存法则。中华民族身处百年未有之大变革之路口,独立百年未有之大变局之浪尖。如何才能拾级而上,奋进昂扬?

以往为阶,以史为鉴,其为一;

发奋勤学,科教兴国,其为二;

脚踏实地,仰望星空,其为三。

阅苍生苦乐而铭刻家国情怀,览沧桑巨变而赓续复兴宏愿。社会穹顶在上,历史战车辗来,心有明灯一盏,汇聚星火万朵。已经步入百年红色学府的我自当胸怀一颗丹心,脚踏一片实地,追寻百年红色足迹,共续星火燎原之势,方迎祖国丹宸永固的平旦,方绘人类群星闪耀的深空!

追风赶月莫停留,平芜尽处是春山!

百年上大尽风雨，红色学府育人才

倪华晔

百年上大尽风雨，一路走来困难重；重建新立终璀璨，人才辈出令人羡。

从青云校区到江湾校舍，从四校分立到合并归一，上大建校百年的道路曲折，但无论是在抗战时期还是社会主义新时代，上大教书育人，为祖国富强输送人才的爱国之心、红色之魂从未泯灭，红色血液在上海大学每一代人的血脉中流转循环。

青云发轫，校舍几迁；上大初建，炮火震天；红色学府，革命渊薮；复校之路，迫在眉睫。

1922年上海大学正式成立，在短短五年间，上海大学校舍从青云里搬至西摩路，从安东里迁到师寿坊，最终建立的江湾校舍在淞沪抗战的滚滚炮火中化为灰烬。

五年时光眨眼过，校舍几迁终被毁，爱国师生出不尽。

丁玲、王稼祥、王步文、孔另境……上海大学造就了无数革命战士与文学巨匠，他们或是拿起武器奔赴抗战前线，用血肉之躯筑起保家卫国的城墙；或是执笔蘸墨在抗战后方写书发报，用白纸黑字启发大众救国之决心。他们是上海大学爱国教育的体现，是上海大学红色学府的证明。作为先进思想根据地的上海大学，积极宣扬与传播马克思列宁主义；作为革命传播者与实践者的上海大学，大力播撒革命火种、开展平民教育、领导工人罢工……一桩桩、一件件、说不尽、道不完，上海大学这座红色学府是中国共产党最活跃的基层组织、革命的坚强壁垒，用实际行动证明着它对革命的拥护和爱国救国之心切。无论是中国近代最伟大的民主革命家孙中山，还是中国共产党的创始人之一陈独秀；无论是中国新民主主义革命家廖仲恺，还是中国最早的马克思主义传播者李大钊，伟大的先驱皆与上海大学有着深厚的渊源，他们用行动支持上海大学的建立、办学与活动，成为这所红色学府、成为无数爱国师生有力的后盾。

上海新发展，人才需求多；四校皆成立，最终化为一。

回首1958—1994年间，上海大学是以不完整的"四校"形式分别发展的。钱伟长校长带领上海工业大学发展，提出办大学要"拆四堵墙"的著名思想，深化招生制度改革与教育教学改革，发展各项科学研究，获得了不俗的成果。周仁带领上海科学技术大学，确立"全院办校，所系结合，分头包干"的建校方案，并在耦合理论模式、流体力学等研究方面有所突破。上海科技高等专科学校在经历几度更名后，由汪国铎校长带领，与德国、英国等进行国际交流，为国家输送人才。而此时的上海大学，是陆续由上海市美术学校、复旦大学分校、华东师范大学仪表电子分校等七所学校合并而成的，多元化的学校结合造就了上海大学多元化的专业与多元化的成就——在文化艺术、商学、法学等方面都有发展与建树。四校各自为政，分别发展，皆获得了不俗的成果。

上大新立，四校归一；改革发展，当务之急；人才培养，教师组建；皆为重任，不可缺一。

1994年5月，新的上海大学由上海工业大学、上海科学技术大学、上海大学和上海科技高等专科学校合并组建，成为如今大家所熟知的上大。学校新立，意味着新征程的开启，实行教育改革、确立发展战略、组建教师队伍、培养新型人才、延续红色基因……一切的一切都是重中之重、当务之急。作为"双一流"高校，上海大学在无数会议中摸索并找到了发展道路：确立钱伟长教育思想，引入专业技术职务聘任制，成立董事会，成为教育部与上海市共建高校，建设环上大产业园、科技园区、新型智库，成立新学院，加强本科教学与招生改革工作，重视研究生教育与进行思政教学创新。

在上海大学大刀阔斧的改革与创新之下，理工、文学、艺术……各专业、各学院百花齐放、成就非凡。同时，作为红色学府，上海大学不忘初心，加强党的建设，进行党建主题教育，在党建工作方面也收获颇丰，将红色基因、红色血液代代相传，流淌在每一位上大师生的血脉中。

上大征程路漫漫，百年岁月行路难；风霜雨雪吹不倒，红色基因永相传。

跨越百年的回眸，我为上大的诞生与重组欣喜万分；也为上大的迁徙与封闭悲愤不已；更为上大的改革与发展拍手称赞。如今的上大坚不可摧、人才辈出，如长青的松柏般屹立于中国东方，散发着不惧酷暑严寒的勃勃生机；如一颗拂去尘土的明珠，闪耀着历经百年风霜雨雪后更耀眼璀璨的红色荣光；如一间汗牛充栋的年久书斋，氤氲着流传百年永不消散的历史与书卷烟气。

百年沧桑，百年辉煌。我深深地祝愿上海大学，我们的上海大学，我们经历风雨见彩虹的上海大学，年年桃李，岁岁芬芳；薪火相传，永铸辉煌！

赓续红色血脉，更扬时代风帆
——读《百年上大画传》有感

潘 甜

"岁月不居，时节如流"，三年时光悄然而逝，我最终在八月拿到了上海大学的录取通知书。通知书的礼盒极具新意，其中的《百年上大画传》极其引人注目，翻开它，便走进了另一个世界。在这个世界里，我看见了上海大学这一百年来的风云激荡，它是中国共产党创办并实际领导的第一所正规大学，它是五卅运动的策源地，它是进步青年的摇篮。我也见它被强行查封，终见它重见光明。我见到了无数仁人志士聚集上海大学，李大钊、瞿秋白、蔡和森等一大批先贤曾任教于此，杨尚昆、秦邦宪、李硕勋等先进人士在此求学。一百年的时光，上海大学经历了很多，但红色血脉如同中国红色血脉长河的支流，永不干涸，不断汇入大河，助力中国红色长河奔腾不息。而我们作为上海大学的学生、作为新时代的青年，应该赓续红色血脉，更扬时代风帆。

缅怀先烈

生在红旗下，长在春风里，赓续红色血脉，吾辈青年必当志存高远，树立远大理想，方能扬时代风帆。"但立直标，终无曲影"，一艘没有航行目标的船，任何方向吹来的风都是逆风。纵观红色长河，无数仁人志士无一不有远大理想。鲁迅看透中国的沉疴，选择弃医从文，用手中锐利的笔去医治国民精神；李大钊面对多灾多难的祖国，早立下救国之志，高举马克思主义的火炬，星星之火映照着他的身影；毛主席于橘子洲头便书写"问苍茫大地，谁主沉浮"这般壮志豪情。看今朝，钟杨教授一直以来的那份致力于生物多样性研究和保护的志向，支撑着他进藏的十六年；戍边英雄陈祥榕保家卫国的志向驱使着他用年轻的身躯捍卫祖国的和平；袁隆平爷爷立志让全国人民吃饱饭，稻下乘凉梦让他在田间地头深耕几十载。远大理想的存在，既能让我们找到人生的正确方向，也为我们的前行提供了动力。我们在理想的支撑下，纵使前方无光，纵使身处五光十色的纷繁，纵使耳边充斥着非议，纵使岁月漫长，我们始终能坚定不移地走下去。而无数个我们汇聚，便是在扬起时代的风帆。

赓续红色血脉，亦需要奉献之精神，方能扬时代之风帆。"冀以尘雾之微补益山海，荧烛末光增辉日月。"秋瑾为了革命奉献了生命；钱学森为了祖国的发展放弃了国外优渥的待遇，深耕科技一线奉献自己的青春；张桂梅为了让大山里的孩子们有书读，在山里默默教书，关爱学生数十年；疫情存在的三年里，我们也见证了太多医护人员的逆行与奉献。无论是战火纷飞的年代，抑或是祥和平静的岁月，一代代人的骨子里都存在着红色的血脉。在战火纷飞时，是用鲜血换取自由，换取和平，换取独立；和平年代中，红色血脉同样是用青春，用时光换取更多人的幸福与安宁。作为青年，我们本就不能做一个"精致的利己主义者"，唯有奉献，方能促时代进步。

赓续红色血脉，更扬时代风帆，离不开脚踏实地的奋斗。抗战十四年，最终取得胜利，是无数中华儿女前仆后继的结果；如今全面建成小康社会，亦是无数个你我他接力奋斗的结果。"星光不负赶路人,时光不负奋斗者",进无止境,本就无功劳簿可言。上海大学作为红色学府,仍在努力奋斗,争取建成世界一流大学。青年,更应以奋斗为人生的代名词。全红婵不断奋斗,终有冬奥会技惊四座;柯洁于棋室中苦苦求索,方有精湛棋艺;徐颖作为青年科学家,工作到凌晨是家常便饭。而我们刚经历的高考,不过是人生的一个新起点,"躺平""摆烂"本就不该出现在我们的人生词典中,唯有不断奋斗,方可赓续红色血脉。青年本就是国家和民族的希望,唯有我们不断奋斗,才可使中华民族屹立于世界民族之林。

  作为上大学子,处在一个红色学府中,赓续红色血脉是每个上大学生应尽之责,吾辈青年,更当传承红色血脉,于可为时代做大有可为之青年,更扬时代风帆!

溯源百年历史,体悟红色精神

陆恺韵

1922年10月上海大学在老闸北青云里创办,《上海大学章程》明确办校宗旨是"养成建国人才,促进文化事业"。通过阅读《百年上大画传》,我了解到,20世纪20年代的上海大学学风严谨、革命气息浓厚,不仅聚集了一大批爱国人士和著名学者,也为革命事业培养了大批优秀人才。

"天地英雄气,千秋尚凛然。"百年上大传承至今的,是流淌在每一位上大学子血管里的红色血液,更是铭刻在每一位上大学子骨子里的英雄气概。那个风雨飘摇的年代,以瞿秋白为代表的上海大学革命先烈在党的领导下,以"鞠躬尽瘁,死而后已"的献身精神为党和人民的事业而奋斗。

先辈们身体力行,用辛勤的汗水为如今精彩且充满挑战的上大打下坚实的基础。而今,作为新上大人,我们也将传承前辈的精神在泮池边开启一段新的征程。这段新的征程是不断奋斗,不断提升自我的过程,更是不断遇到困难又不断克服困难的过程,自制力与胜任力成为这段征程的重中之重，自制力代表着对自我的清醒认知与自律，在快节奏的当下，学会如何拒绝外界的诱惑与摆脱拖延症成了我今后学习的目标。而胜任力则代表着不惧挑战的勇气与勇于担责的魄力。拥有了这些，我相信我的求学之路将更加顺畅。

翻开画传，红色学府，百年历程，那些重大事件，如同电影镜头般一幕幕闪现。历史的卷轴一页页翻动，沧海桑田，筚路蓝缕。诞生于闸北青云里的上海大学是五卅运动的策源地。李大钊、于右任、瞿秋白、邓中夏、蔡和森等一大批贤达执鞭任教于此，杨尚昆、王稼祥、秦邦宪、关向应、李硕勋等诸多英杰负笈求学。在风云激荡的革命岁月中，上大赢得了"文有上大，武有黄埔""北有五四时期的北大，南有五卅时期的上大"之盛誉。如今，历经百年风雨，上海大学又将踏入新的征程，铸就新的辉煌。

通过《百年上大画传》，我了解到了上海大学的百年红色历史、源远流长的红色基因以及一脉相承的爱国情怀。红色是上海大学的底色，身为上大的学子，我们更要赓续红色基因，不断砥砺前行。唯有延续这份厚重的红色，使之真切地投射到实际行动中，方可不负这百年的薪火，不枉为莘莘学子中的一员。

百年上大从峥嵘岁月走来，与时代呼吸与共，与国家同频共振，培养了一代又一代的奋斗青年，为民族抛洒自己的满腔热忱。"先天下之忧而忧，后天下之乐而乐"，千年前范仲淹写下的名句，展现着自己一心改革、为国为民的风范，千年后上大人以此为校训，沿着其指引的方向步履不停，争做新时代"自强不息"的青年。作为中国共产党创办的第一座红色学府，上海大学百年的发展奋斗历程，始终与中国共产党紧密联系在一起。

上海大学的百年奋斗史值得我们每一个人学习借鉴。我们身处于这蒸蒸日上、欣欣向荣的新时代，更应为守护这一份美好而奋起。一条血脉百年相承，一份赤诚日月可鉴，一抹鲜红的跨世纪联动饱含深意与激情，这份情怀与斗志穿梭百年仍熠熠生辉，激励无数青年甘愿倾己之力、竭己所能为学校的底色增光添彩，为祖国的建设添砖加瓦。

作为一名大学生，我们不仅要认真学习习近平总书记系列重要讲话精神，展望未来，为实现中华民族伟大复兴的中国梦努力奋斗。

广大青年生逢其时，也重任在肩，理应勇作担当民族复兴大任的时代新人。牢记青年应扛起的历史使命和时代责任，更要勇担重任，自觉融入到实现中华民族伟大复兴的中国梦的进程中去，为国家的社会主义现代化建设、为实现中华民族伟大复兴贡献自己的力量。

我们新时代青年也要从党史学习教育中深刻把握中国共产党取得的伟大成就，在推进伟大事业征程中站稳人民立场，练就过硬本领，全面贯彻党的基本理论、基本路线、基本方略，做到学史增信，用百年党史锻造新时代青年勇挑中华民族伟大复兴之重任。

溯源初心恰风华，百年传承再出发。展望大学生活，我们勇往直前，探索未来。而这迈向未来的诗篇，将由我们——新时代的大学生来执笔、去描绘，并与百年上大一起，共同谱写、奋力追逐！

百年红色学府，铸就时代新人。新时代的长歌正等待着我们挥斥方遒、会当击水、引吭高歌！

百年征程波澜壮阔，薪火相传继往开来。

作为红色学府百年上大的学子，我们的青春或许做不到如夏花般灿烂，但我们可以将奋斗作为人生的底色，将汗水作为不断前进的笔墨，脚踏实地，志存高远，以青春之我，奋斗建功新时代。

在奔跑中赓续红色血脉

王佳妮

翻开油红色的《百年上大画传》,好似推开了上海大学的历史大门。发轫于青云里,又走过峥嵘岁月,一段段刻骨铭心的往事与一位位满腔热情的前辈串起了百年上大的光辉历史,红色基因代代赓续,在奔跑中留下了上大人的深深印记。

在奔跑路上,上大人积极传递红色力量。作为国共合作时期一所充满革命激情的高等学府,一大批早期中共党员、马克思主义者在上海大学任教期间,充分利用课堂和党的刊物,结合中国具体革命实际,通过发表大量文章,将马克思列宁主义传播与普及,使上海大学成为宣传和传播马克思列宁主义的重要阵地。这也使得上大人有了坚实的理论与实践基础,坚定了对中国共产党的信仰。这也使得上海大学的党员人数一直在全市党员尤其是学生党员中占较大比重,成立的上海大学党组织是中国共产党在上海最活跃的基层组织之一,是中国共产党早期革命的坚强堡垒。

伴随着上海大学理论结合实际的教学理念，不少师生回到家乡播撒革命的种子，传播党的理念。一系列具有进步思想的报刊被创办，这些进步报刊传播马克思列宁主义理论，扩大了上大在社会上的影响。与此同时，一部分名人志士也被邀请到上海大学进行演讲与教学，提升了上大的教育质量，进一步夯实了对学生的培养与锻造。

在奔跑路上，上大人以包容聚合力量。

众所周知，新上海大学由原先的四所学校所合并而成，在这期间，四校需要打破过去的专一运行，将自身特长在并校后与其他学校的优势一并打造全方位多层次发展的上海大学。

上善若水，海纳百川。既以上海这座城市命名，那便怀揣着这座城市特殊的包容精神。海派文化的源远流长也吸引着世界各地的学子来到上海大学求学，吸引着各方优秀教师来到上海大学传授知识、进行科研创新。上海大学凝聚了各方的力量，不论是在校园文化还是学术氛围方面都有开放多元的特点。对于家庭状况有困难的学生，学校也会给予助学补贴，为每一个上大学子提供了温暖与家的温馨。每个人都在用自己的力量让上大变得越来越好，凝聚在一起成为具有上大特色的校园名片。

在奔跑路上，上大人以创新追求卓越。在科研路上，上海大学重视人才的培养与机会的提供。创办重点实验室、建设研究中心、成立重要研究基地等，为有志于科研的师生提供了平台与渠道，在专业人士的引导下，对各个领域进行深入的研究探索，获取科研成果，打破认知界限。无论是理工科还是文科、艺术类等领域的研究中，上大师生都倾尽精力在自己所擅长的方向上攻坚克难，进行创新开发，从理论与实践的结合中挖掘细微却重要的成果，为国家贡献学术与试验的成果。在前人已有的丰硕成果中，上大人不断地创新，紧跟新时代的步伐，探求不同角度的方法与智慧，打造可持续性的、具有创造活力的科研团队。

在奔跑路上，上大人以自强不息的精神谱写着新时代的篇章。无论是学校特色的制度还是受到大家推崇的钱伟长教育思想，都让上海大学散发着独特的生机活力。海内外的交流活动、学生社团、学生组织百花齐放，这让学生有了展示自我的机会与平台。组织支教活动、救助流浪动物、集结志愿服务，这加深了上大学子的社会责任意识、热忱与爱心。在过去，自强不息的精神代表着古人心怀家国的气概与崇高志向，那是有志之士的高风亮节，现如今，上大人秉持着自强不息的优秀品质对待生活与事业，专注着完成自己的使命，开拓新的征程，发扬先辈的精神，展现新时代的朝气。

  画传上的一幅幅插图，一句句文字，一张张表格，都让我们更加真切地感受到了百年岁月中上大走过的点点滴滴，似一位百岁老人诉说着他的生平。在风雨飘摇，一切都是未知数的年代，上大这个正值青年的小伙子满怀活力自我探索，坚定自己的红色血脉，在摸爬滚打中找到了志同道合的伙伴，一步一个脚印地走到今天。当下，他也将继续一步一个脚印地走向更好的明天！

绯幔之上,方见时代晴朗

白文博

合上《百年上大画传》,无数思绪在我的脑中盘旋。从黑白相间到五彩缤纷,伴随着书页翻动,上海大学从那个黯淡的时代苏醒。百年风雨中,它炽热的脚印愈发深刻在这片红色的土壤之上。无数学子人来人往的背影后,是这所大学不变的初心,是上海这座城市蜕变的蓬勃,更是红色血脉于时代交错中迸发的洪流。曙光已越过绵绵绯幔,人们抬头便能看到一个全新的未来……

一百年前,中国社会正遭受着帝国主义的剥削与官僚资本的压迫。为了培养更多人才,国共两党成立了上海大学。1939年,毛泽东同志出席中央书记处会议时指出:"陕北公学是一所统一战线性质的学校,像过去的上海大学。"上海大学不仅为中国革命提供着文化的力量,而且成为维系国共两党合作的重要纽带。虽然上海大学于1927年被国民党当局强制关闭,但在这短短五年里,它推动了工人阶级斗争,深远传播了马克思主义,弘扬了爱国主义精神,让更多人民的民族意识于那个内忧外患的时代觉醒。

百年上大,青云发轫。作为青云书院的一员,我深刻感悟到"青云"二字不仅仅体现上海大学校址变迁的历史,它更蕴含着师生们为民族与国家而奋斗的伟大情怀,是上海大学"先天下之忧而忧,后天下之乐而乐"的不变初衷。吾辈不坠青云之志,处境亦是艰难,我们亦要怀揣着高远之志,锲而不舍,矢志不渝。从前,先辈们在困窘中探勘着光明的出路;如今,我们必借其垂天之羽,扶青云直上。

在那段不平凡的过往中,有许多的杰出人士出面担任了上海大学的领导,维系着上海大学的教育风气与运作秩序。其中,令我最为动容的便是瞿秋白先生。早在先前的形势与政策公共基础课上,老师为我们播放了关于上大历史的纪录片时,我就注意到了这位气度不凡的先生。1923年夏,作为中国共产党早期领导人的瞿秋白来到了上海大学担任教务长兼任社会学系主任。他锐意经营社会学系,使之成为上海大学最大的系,成为革命力量最活跃的阵地。在任教过程中,他几乎向学生们传授了所有有关马克思主义社会科学的基础知识,为上海大学播下了红色基因。瞿秋白身体力行,为马克思主义哲学的传播,为中国无产阶级哲学的创新作出了卓越贡献。

如今,上海大学享誉全国,社会学专业更是蒸蒸日上,这离不开先辈们的开拓与倾注,更离不开上海大学在此积蕴之上长期以来一以贯之的与时俱进的教学风格以及与国家社会紧密相连的育人精神。瞿秋白先生曾明确强调,上海大学应具有时代性、革命性,以担负改造社会的责任。我想,现在可以很欣慰地说,上海大学做到了。无数的上大学子走出校园,化作秋霜雨露,点缀着时代的风华,滋润着社会的土壤,纵横地交织于建设国家的奔流,最终汇集在属于青年人的奋斗之海。

进入大学后,我对社会学专业有着特别的期待,而瞿秋白先生的事迹更加坚定了我选择社会学专业的决心。我很激动,因为我在这个领域看到了一切过往的不可知都将化作未来社会崭新的蓝图,看到了在一切个人与社会的炽热熔铸中人生价值都将恣意升华，看到了自己怀揣的高尚信仰与清澈之爱都将在红色河畔大放光彩。

最终，瞿秋白，他于生命的尽头高歌着自己翻译的国际歌。个人的理想便是国家的远方。我想，这亦是一种隽永的诗怀。

看啊，绛色的帷幔飘逸在21世纪，包裹着无数滚烫盛放的灵魂。它洋溢着鲜活如初的记忆，囊括着百年峥嵘的澎湃，涤荡着纯挚无瑕的心魄，诞生着卓尔不凡的俊伟。上海大学是皓首苍颜的，叫我刻骨铭心地穷尽这一百年的恢宏；上海大学也是青春萌动的，四校合并打造了新的发展引擎，驱动着上大在新纪元的康庄大道上驰骋。它既秉持着"老骥伏枥，志在千里"的精神，赓续红色血脉，发掘自身优秀的历史底蕴并致力于更高的追求，又以崭新的姿态紧跟社会日新月异的发展变迁，努力践行上海城市品格。

我想，在如此境遇下，我们当踔厉奋发，在红色帷幔上用心写下属于自己、属于国家的奋斗史。百年上大正风华，我们以奋斗者的姿态集上大之精神撩拨着前途的乌云，绯幔之上，方见时代晴朗。

上大之魂，百年相承

林 好

面对着风云激荡时期的老照片，你会想到过去，百年前先辈就位于此，仰望历史的苍茫，难以抑制地想到曾经的艰难岁月。追忆"文有上大，武有黄埔"的美誉，承载的是时空轨迹下鲜活如初的那份热爱。

遥想1922年的10月23日，那是上海大学成立的日子，在老闸北青岛路青云里由于右任先生题写校牌，《民国日报》头版刊登上海大学启事，巍巍学府从此滥觞。鲁迅先生曾说过："希望是附丽于存在的，有存在，便有希望，有希望，便是光明。"我深深记得一张张老照片里每份目光炯炯的赤诚，也向往着百年前校友们铿锵而掷地有声的勇气。我想，在以上海这座城市命名的学校里，我们定会在校训精神的指引下筑梦未来，延续上大的辉煌。

沿着上大百年画册往下翻，在中国历史上熟悉而又伟大的人名——孙中山、陈独秀、李大钊、瞿秋白……一大批中国共产党早期党员和党的领导人以及与革命事业紧密相关的人物都在这所学校留下了他们的印记。这所学校于青云发轫，处战火纷飞，五卅时期的上大从红色血脉中发源，与国家民族命运的脉搏相连。

上大可称作革命的坚强壁垒，抑或是前仆后继的英烈们的后盾，血与火的考验在上大人的心中永远是他们求学时的初心。在被国民党当局封闭后，近2 000名学生努力追求着上海大学学生的学籍与国立大学的同等待遇。"海不辞水，故能成其大。山不辞土石，故能成其高"，怀揣革命理想的青年学子以满腔热血播撒革命的火种。

而随着时代的洪流滚滚向前，上大人步履不停，在以追求卓越，海纳百川为名片的上海，践行着上海的城市品格。钱伟长校长提出了"怎样在党的教学方针指导下，直接为改革开放中的上海市的经济建设服务"等八个关于教育发展与改革的思考。教育改革的春风在上海大学里生生不息，通过不断创新发展，上海大学在教育改革的试验中持续总结经验，提高教学质量。时任上海市市长的汪道涵同志为上海大学题词"育才求精"，钱伟长校长的一番心血可见一斑。

百年对于上海大学而言，红色学府这一头衔超越了一般的范畴而扩展到更广阔的人和事物，就像一个核心的晶体稳定地散发着光芒，把温暖和明亮播扬到远方，同样吸引着逐梦奔跑的我们。和上海齐名是曾经上大学子的目标，对百年后的我们更是如此。这份上大人的热爱和坚持值得我们延续下去，希望在跨入百年上大的大门之时，"先天下之忧而忧，后天下之乐而乐"的校训能够成为我辈奋勇向前的目标。

上大从百年峥嵘岁月里走来，画传鲜红而又透亮的封面描摹了风云激荡中无数青年的奋进之路——从泛黄的老照片到越来越清晰的高清彩色照片，从青云里发轫到后来越来越大的新校园，从革命党人战火中艰难办学的到走向了全球范围内的教育联盟合作伙伴。伟业流长，上海大学正在为实现教育兴国而奋斗，致力于与上海齐名的目标，就像校歌中唱的那样："自强、自强，我们锻造共和国的钢梁。"

上海大学记录了无数激励人心的珍贵瞬间，作为新一代上大人，我们注定与文化历史一脉相连，代代相承的我们不会忘记历史，一定会为共同的誓言发出新时代的回响！

何 以 传 承

陆　璇

拆开精致而厚重的录取通知书礼盒，一本红色封皮的《百年上大画传》吸引了我的目光。翻开书页，上海大学的百年历史透过图片向我涌来，以图为媒介，那段可歌可泣的历史时光也变得具象化，一幅幅画面，一个个人物，一段段往事，串联起百年上大激情澎湃的画卷。我感受到手中的重量，不仅仅是书的重量，是历史的厚重，更是新上大人传承先辈精神、发扬上大光荣和红色基因的责任。

忆往昔峥嵘岁月稠，上海大学从风雨中走来，与国家民族的命运交织、紧紧相连。1922年10月23日，在中国共产党和国民党酝酿合作的背景下，上海大学由共产党人主导创办。《诗经·小雅》有云："鹤鸣于九皋，声闻于野。"上海大学，从发轫于闸北弄堂，克服种种困难，艰难办学，到后来赢得了"文有上大，武有黄埔"的美誉，这座红色学府，是由革命先辈和有志青年的热血浇灌而成的。

在风雨如晦的年代，上海大学的教授用丹心守护革命，使上海大学成为宣传和传播马克思列宁主义的重要阵地。陈望道先生为翻译《共产党宣言》废寝忘食，为执教和学校管理呕心沥血、尽职尽责；何味辛先生用文字在红色报刊史上留下永不褪色的光辉；写下"夕阳明灭乱山中，落叶寒泉听不穷。已忍伶俜十年事，心持半偈万缘空"的瞿秋白先生，献身革命事业，用短暂而辉煌的一生，谱写了抗争不止的华章……

风起云涌，五卅运动轰轰烈烈，上大人在中国共产党的领导下，担当了运动的先锋队和主力军，扛起了反帝爱国运动的大旗。戴望舒满怀激情参与运动，支持进步学生的爱国民主运动；何成湘将革命书籍寄往家中，传播革命思想，鼓励大家投身到五卅运动的反帝爱国热潮中去；何味辛编辑《热血日报》，揭露帝国主义的残酷罪行；沈雁冰教授随上海大学学生宣传队参加示威游行……"北有五四时期的北大，南有五卅时期的上大"，在时代大势和师生革命热情合力的作用下，上海大学成为革命的熔炉，其中的革命精神经历岁月洗礼后依旧熠熠生辉。

从时代浪潮中走来，上海大学紧跟新中国前进的步伐，与城市发展的脉搏相连。20世纪50年代中期，为顺应工业生产方向的新决策，培养专门人才的上海科学技术大学、上海计算技术学校和上海工学院相继成立。上海顺应改革开放和经济发展的时代大势，1983年，上海市五所大学分校和上海市美术学校合并组建成上海大学。呼吸与共中，四校携手并进。日月星辰，时光流转，朝着与上海这座城市齐名的目标奋进。

从新的征程中走来，上海大学以实际行动践行着科教兴国的战略方针。一代又一代的上大人，接过传承与创新的重担，传递着红色基因的火炬。在这里，上大人以创新追求卓越，建设上大产业园、科技园区、新型智库……在这里，上大人用包容聚合力量，适应学科教育，创办新的学院。上大人沿着校训"自强不息"指引的方向，逐梦奔跑，步履不停。

鲁迅先生曾这样描述青年"所多的是生力,遇见深林,可以辟成平地的,遇见旷野,可以栽种树木的,遇见沙漠,可以开掘井泉的。"青年就是这样充满活力、激情,富有创造力的群体。青年群体是国家未来的希望,是社会与国家不断发展的基石和源源动力。青年一代有理想、有本领、有担当,国家就有前途,民族就有希望。生长在红旗下,新时代的青年更应追随前辈们的足迹,以少年意气,挥斥方遒。

在这川流不息的时代,我们能透过互联网窥见太多他人的生活,常常惊叹于他人的才华,感叹自己的渺小。刘瑜曾说"中国的进步,不是靠一帮勇敢者去触碰勇气的上限,而是靠普通人一起,一点点抬高勇气的下限。"作为普通人,我们或许达不到先辈们的成就,但平凡不代表平庸和堕落,即使成为不了黑暗中唯一的光,也能做好一块普通却不可或缺的砖石。

何以传承?用热情摆脱冷气向上走,丢弃古板迂腐的观点,去奉献去付出,用自己最火热的青春照亮未来,接过传承的火炬,在上大开出真才实学的花。

百年峥嵘,星火不灭

王乐源

摩挲着有着独特质感的封面,凝视着那红底金字,我的心有如一抹星光撒入,荡漾起波光粼粼的涟漪。《百年上大画传》——食指和拇指轻轻揭开它的第一页,一段时空之旅就此开启。

天空中一颗颗繁星,倒映着一个个身影。

夜幕中,战士们为保家卫国枕戈待旦,目光坚毅;星光下,知识分子们眉头紧锁,凝视远方,思索中国人民前方的道路。这里,是

一百年前的中国。国家的前路初有一丝星火闪烁,但仍是大雾弥漫。各个阶层的人们正缜密思索,激烈讨论,果敢行动,在黑暗的道路上为前行的人们点起一束束火炬,送去一份份温暖和光亮。画面聚焦到上海市闸北区的一所红色学府:1923年9月,应上海大学评议会之邀,孙中山担任上海大学名誉校董,他曾两次作出批示,指示上海大学接受因参加反对军阀和贿选而遭到安徽当局通缉的爱国学生进入上海大学学习;中国共产党的早期领导人陈独秀正眉头紧蹙愤慨挥笔,宣纸

上，是他对革命事业发展和挽救民族于危亡之际的设想；《共产党宣言》翻译者陈望道正声情并茂，神采飞扬地在讲台上，学生们可以顺着他的目光看到初升的太阳……

星空映衬着他们的身影，这座如深沉长者般静静地注视着他们的校园正是上海大学。

接过万千热血的初衷，当有对答世界的音量。

巷子口，行人谈笑风生；乡间亭，小生书声琅琅。这里，是新中国。在这里，夜晚不再是漆黑一片，夜空中有点点繁星闪烁，照亮前进的路。然而，当下的中国仍存在许多问题等待着解决，国家仍对各行各业的人才有着极大的需求，尤其是工业生产、科学技术方面，急需大批优秀人才。听闻国家的需求，上海大学立刻作出响应。1958—1960年，上海科学技术大学、上海计算技术学校和上海工学院相继成立。1983年，上海五所大学分校和上海市美术学校合并组建成上海大学。一大批人才在接受了上海大学的培养后，奔赴国家建设的一线，以专业化的知识、国际化的视角，为国家发展作出了卓越的贡献。

带着一腔的勇敢，他们义无反顾地奔向星辰大海，以上大的名义，将中国的发展推向世界前沿。

我会变成太阳宇宙远航，星辰万千做翅膀飞翔。

清晨的阳光照在热闹的街市，光打在一位位辛勤劳作的人们的脸上，愈发明媚；点点繁星照亮晚归的路途，星光映在眼中，更加明亮坚毅。这里，是改革开放持续深入推进中的中国。社会的每个角落都正有条不紊地运转，向着愈发明亮的未来前行。上海大学也紧跟国家发展的步伐，筑牢双一流高校根基，不断提升、发展学校水平与层级。1994年，上海工业大学、上海科技大学、原上海大学、上海科技高等专科学校四校优势互补，合并成为现在的上海大学。四校合并无疑给上海大学带来了巨大的发展机遇。通过来自四所学校优势资源的全面整合，上海大学逐步发展为一所文理两开花基础上，各领域全面发展的综合性高校。一位位科研人员日复一日在星光下进行着科学研究；

一个个专业性人才在晨光中拖着沉甸甸的行李踏上求学之路，把上大和祖国深深印在心间；一名名新时代学子在寒风中、烈日下把脚步踏遍全国各地，尽全力在那些需要社会援助的地方，留下自己的一份真诚和印记……

百年的上大是他们的翅膀，滚烫炽热的理想信念是他们永不枯竭的动力。

要怎么形容明大？像我一样。承风骨亦有锋芒，有梦则刚。

右手边的书页渐渐变薄，让我仍不得已回过神。上海大学带着光亮从峥嵘岁月走来，到四校合并聚成一团火，再到今天，光芒愈发璀璨耀眼的一幕幕，在我的眼前一遍遍闪烁。

背上这本画传，独自走在上大的校园，只身一人的我却不再感到孤单。事实上，我从未孤单过——百年前的伟人们正经由上大这条无形的线，与我沟通、连接；作为上大前身的四所高校，正汇聚成一束万般耀眼的光，注入我的身体；我的心底正有一种紧迫感，催促着我去发现光、追逐光、成为光……

因为，我知道，不灭的星火已在这里闪耀了整整一百年。下一个一百年的星火中，当有我。

悟百年青春，扬今日芳华

郑欣哲

一本画传，百年历史，先辈危行，如在眼前。创立上海大学，心血如注，期望殷殷；宣传思想，建立组织，行而不息；挺身五卅，热血滚烫，意气激昂；四校合并，用心学术，真诚交流，奉献社会。潺潺百年，无数青春。

然而，"岁岁年年人不同"，人一生已是短暂，青春更是倏忽而过，自百年前始，许多前辈与上海大学的青春记忆只有短短几年。人的青春易逝，无可奈何，学校里却总是正青春，上海大学留住了无数段热烈的、激情的青春，它每年都温柔地拥抱生机勃勃的年轻生命，教育他们，鼓励他们，微笑着看他们中流击水，肆意绽放，由是而观，上海大学是青春飞扬的。

但上海大学毕竟也跟着时间向前走，蹚过百年悠悠岁月，那无数段青春积淀，在悠长的时间里，酿成醇酒，润成温玉，赋予大学独特的气质——跳动的青春和沉淀的历史的完美融合。这充满魅力的百年青春，是今日我们的丰厚滋养，是今日我们的明亮火炬，其中具有跨越时代的精神和思想，是我们来到上海大学不可错过的宝藏。

这百年青春，最酣畅淋漓、浓墨重彩之处，在于对国家、对社会的坚定深沉的责任感。

上海大学自诞生伊始就不是自欺欺人的象牙塔，而是和国家共命运的先锋阵地。革命年代，上海大学氤氲着"苟利国家生死以""虽千万人吾往矣"的慷慨气质。中国共产党在此宣传马克思主义思想，《前锋》《向导》《中国青年》中无不饱含前辈们对中国未来的满腔希望；莘莘学子从这走出，将革命火种播撒各处，在安徽、浙江等地创办党组织；五卅运动中，前辈们身先士卒，何秉彝等前辈抛洒热血，为通向光明的黑暗之路献出生命。

和平年代，上海大学依旧关切社会，脉连国家。上大学子志向高远，每年都有有志青年投入军营的怀抱；上大学子重视志愿服务，众多学子投身大学生西部计划、进博会志愿者团体……同时，上大也为学子们提供有力的支持，搭建青春的舞台，建立上海市企业家培训基地，承办"中国非遗传承人群研培计划"，组建各种学生社团，组织各种实践活动，帮助每一位上大学子发光发热。

上海大学自始至终践行着"先天下之忧而忧，后天下之乐而乐"的校训。两耳不闻窗外事，漠视与社会联系、对社会贡献的学者，无法称之为知识分子，上大百年青春中荡漾着的，是与这种漠视截然相反的对国家、对社会的真诚关怀。作为当今的上大学子，更要学习、传承这百年青春的积淀，赓续对国家社会的责任感与使命感，而不局限于眼前的名利。

坚定的责任感为帆，丰厚的学识便是强劲的风，无学而满怀激情，极易受人利用，或是沦为随意跳脚的愤青。傅斯年先生说："奉献大学于宇宙的精神。"这百年来，前辈的青春告诉我们，心系国家之外，广泛的学习和深刻的探究亦是必不可缺的。大学学习，是打破常规的自由探寻，是心无边际的学海遨游。钱伟长校长提出"打破学科之间的壁"，提倡综合地汲取知识；新旧学院交相辉映，为学子搭建广阔的学习平台；重视文体教育，体育文艺人才辈出。大学学习，也是不畏险夷、行且不息的刻苦研究，是不被世俗打扰的孜孜以求。上大在理工、人文、美术等领域的研究都成果璀璨。上大持续推进重大科研项目，学术探寻永不终止。上大师生在学术期刊和图书出版中的累累硕果，都反映着上大的校训"自强不息"的精神。

百年青春中凝聚的赤子之心，是我们需要接力传递的上大血脉。青春正好时，耽于享乐令人空虚，何不渴求知识，延绵纵深，变成充实而丰厚的上大学子。

上大这艘航船随着历史的波浪向前行驶，开始时全为黑白照片的画册也逐渐出现彩色，每代人都有激扬的青春，但每代人挥洒青春的时代毕竟不同，若是刻舟求剑，不免方枘圆凿。在上大书写属于我们的青春时，首先要清晰了解我们所处的时代。当下，信息化、全球化的浪潮席卷，国际局势波谲云诡，行业发展迅速，新科技、新观念时时涌现。在复杂的时代大潮中，找到自己的合适定位而奋斗努力，方有可能在上大历史上留下属于我们的青春，为上大未来的发展添上自己华丽的一笔。

前辈们在上大留下青春，青春而厚重的上大给我们提供丰厚的精神滋养，现在是我们正当青春时，"天高任鸟飞"，心系天下，探寻深广，如此，成壮志，凌青云。

一片青云红光照
——阅《百年上大画传》有感

郑雨婕

"黄金时代,不在我们背后,乃在我们面前;不在过去,乃在将来。"

一百年前,在上海大学的讲堂里,李大钊先生如是寄语青年学子。时至今日,上大学子仍无法忘怀当年以李大钊先生为代表的上海大学建设者们的深沉情怀,在风雨飘摇的年代,勇担时代的重任,传播进步思想。承载着一代代中国革命者、建设者、奋斗者毕生心愿的红色长河发端于青云,穿过悠悠岁月,面向我们一代代青年学子,落地生根、共赴未来。

历史低语回响于上大校园。走进校园,一草一木与幽深泮池在眼前浮动,自然风光旖旎如画徐徐铺展,岸边白鸽高飞盘桓,衔枝远游,如茵绿草已然远去,转眼飞入教学楼,在现代建筑与青年学子之间穿梭遨游。白鸽向南而行,驻足红砖旧楼,百年前上大旧貌再现于眼前。那些说不尽的厚重历史,一半飘入红砖楼,安静不言保持着它的真切本色，另一半则飞向远方，传递红魂，流向广阔的大江大河，描摹着"江流天地外，山色有无中"的浩瀚宽广。白鸽所经之处，皆是《百年上大画传》所呈现的历史风采，从书画旧照走向现实。

20世纪20年代的上海大学是中国共产党主导创办并实际领导的第一所正规大学，为中国革命和建设培养、汇聚了一大批英杰之士。李大钊、陈独秀等我党的早期领导人亲自指挥筹建，瞿秋白、邓中夏、蔡和森、张太雷、恽代英、任弼时、萧楚女等"红色教授"亲自授课。中国共产党在上海大学积极宣传和传播马克思列宁主义，加强党的基层组织建设，发展了大批优秀学生入党，开展广泛的爱国主义实践运动，并赢得了"文有上大，武有黄埔"的美誉，名扬四方，成为国共合作时期一所充满革命激情的高等学府。同时，上海大学亦是五卅运动的策源地，在新民主主义革命的历史进程中意义重大，因此世人又称"北有五四时期的北大，南有五卅时期的上大"。

在当时享有"红色学府"盛名的上海大学，发轫于青云里校舍，校址几迁，数年间无数上大人传承红色基因，踵事增华，踔厉奋发。彼时上大，犹如在东方渐升的一片青云，悬于远空，扎根于民族社会的血脉，昭示云程发轫、干霄凌云的光明前景。

追溯上大历史往昔，那些在青云岁月里涌现的一批批爱国之士，他们用自己的青春血汗与热泪书写家国梦，投入救国运动的时代浪潮中。上海大学生何秉彝毅然决然地辞别了满怀忧愁的双亲和满含热泪的妻儿，千里迢迢沿长江而下成为千千万万有志青年中的一员。一封留存至今的家书上鲜明表达了他的革命素志："男如是行去，觉得未来之神在预告男了，好像是说：你将上光明之路了，你将得到很适应的安慰了，你的前途是无限的，你的生命之流矢，将从此先射，你的生命之花，将从此开放。"何秉彝烈士的一生是短暂的，与当时在爱国革命抗争中奉献生命的许多救国英雄一样——虽然他们早已远离我们而去，但他们以民族解放为己任、舍生忘死为共产主义英勇斗争的精神却永存大地，犹如远方一片不散的青云，浮于万仞山，诉说一代上大人的心声。

校舍发轫于闸北弄堂，迫于压力，几经变迁。峥嵘岁月，革命记忆洗礼数代师生，他们坚守理想信仰，为救民族于危亡不惜前仆后继流血牺牲。虽然存在时间不过短短五年，而就是这段历史，悠长红河有了源头活水，浩浩汤汤，横无际涯，百年不息。

回溯往昔，长者遗语，情意深重。百年岁月，江河东流，红色文脉与学脉一以贯之，彼时风采早已无法与百年后的校园相分离。这，是一片拥有厚重历史的红色土地，也是一座充满希望、生生不息、面向新时代的大学，这是黄金时代莘莘学子的孕育地。立足当下，追忆历史。当年一大批青年学生走向革命道路，穷且益坚，不坠青云志。从过去走向当下，几代学子共同赓续红色基因，为中华民族的繁荣富强努力奋斗。

历史深处有一片青云。即便百年前风采难寻，但红色血脉仍如歌远扬，如江河远流，叩响历史、当下与未来的钟声，留在《百年上大画传》中的，是关乎无数学子个人前途与家国命运的坚定答案——"黄金时代，不在我们背后，乃在我们面前；不在过去，乃在将来"。

光荣荆棘路
——忆上大百年征程

顾舒然

忆往昔峥嵘岁月，是群星闪耀的年代。泮池边，我们抬头仰望夜空，漆黑深邃伴着点点星光璀璨闪耀，似是诉说着上大的历史回响。百年之前，先辈们在星空下仰望，盼望着和平而幸福的生活降临中国，为此他们散尽自身光芒，影响着上大的不朽历史与中国革命的光辉历程。

属于上大的百年像一部老电影，在那个风起云变的黑暗年代，放映出生动而真实的情景。老电影持续放映，摇晃的灯光下伴着微弱的噪声，老旧而焦黄的画面中清晰地展现着上大师生们坚定地走在革命的光荣荆棘路上。

战火纷飞，青云发轫，这部老电影从此刻开始放映，上大初建，却校址几迁，在兵荒马乱的年代，任何人都难以独善其身，上大亦是如此，被迫封闭，千百名学子从此流落四方。只是，对于上大这座红色学府而言，从未想过"独善其身"，既是诞生于这个乱世，那便努力运用自身条件去创造进步。上大立于这个时代，那便以冷静却火热的爱国之心，在新旧交替的年代传播先进的思想。在陈独秀、李大钊的推动下，越来越多的仁人志士涌入上大成为教师，将红色基因注入上大的血脉。叹息，他们年轻的生命最终都归于了从容就义。生于乱世，却仍满怀希望，毅然而从容地舍弃性命奔向光明，上大如此，上大学子亦如此，他们英勇无畏而义无反顾地踏上这条荆棘路，只是在前行的路上，遍布的荆棘使他们衣衫褴褛体无完肤。

尽管他们已然成为历史，然而他们谱写的绚烂乐章却依然闪耀，通过这些歌，使上海大学一代又一代的学子们继续传唱着这耀眼夺目的精神与思想，正因此，他们的生命如此璀璨，如此永恒。

老电影继续播放，来到这个红色思想兴起与盛行的时代。一批又一批中共早期党员与党的领导人来到上大，向学子们传播进步思想，带领着学子们与黑暗势力作斗争。他们抛头颅洒热血，为着他们的信仰在遍地坎坷中迈着坚定的步伐，永远朝着光明的方向前行。《前锋》《中国青年》等杂志中遍布着上大师生的身影，上大已成为传播马克思主义与共产主义思想的中心。思想付诸行动，上大更是革命运动的发祥地。上大学生在寒暑假期间回到家乡进行革命宣传活动，将红色的种子四散全国，使革命的理念深入人心，红色的种子在神州大地逐渐生根发芽。"北有五四时期的北大，南有五卅时期的上大"，上大在五卅运动时期起着不可或缺的重要作用，上海大学的学生们在南京路示威演讲，散发传单，高呼口号的行为展示着上大学子的英勇无畏，他们怀揣着浓厚的爱国情怀，带着属于上大的精神，将中国青年的爱国精神传至中外。他们参加妇女解放运动，他们参加上海工人武装起义，他们让上大这座红色学府拥有深厚的革命底蕴。

五星红旗迎风飘扬，新中国成立，血泪交织的革命与斗争在此刻完结，阳光洒落，新的章节开始播放，崭新而磅礴的生命继续绽放。

现在，是"四校"时期。上海工业大学、上海科学技术大学、上海大学、上海科技高等专科学校，四颗耀眼的星在不同的领域培育着多样的人才，向祖国全方位输送着建设的力量。

"自强不息；先天下之忧而忧，后天下之乐而乐"，新上海大学在四所高校的基础上成立，一颗冉冉的新星就此闪耀在放映的画面之中，历经72年的不断前行，上海大学在这条光荣荆棘路上走得更加稳健，上大人仍昂首挺胸，脚踏实地迈着步子，怀着坚定的信仰奋发向前。

百年的征程在曲折之中不断前进，见证着一所高校的冉冉升起，也见证着上海大学在国际交流合作、课程建设、国家工程等领域的发展愈发强健。在这百年的时刻，是上大迎来的盛世，也是上大继续砥砺前行走向下一个百年的瞻仰与信心。安徒生在《光荣荆棘路》中写道："人类啊，当你的灵魂懂得了它的使命以后，你能否体会到这清醒的片刻所带给你的幸福？"是的，百年历程中，上大的师生们懂得他们所需要肩负的使命，他们是清醒的，他们为自己的使命而感到幸福和骄傲，尽管遍布荆棘，尽管坎坷不平，他们，抑或是我们，都将平和地面对未来，继续践行自己的使命。上大百年的这条光荣荆棘路并不是童话，但先辈们已抛头颅洒热血，将韶华变成永恒，上大的精神亦将超越时代，走向永恒。

我们与他们仰望着同一片星空，星星映在他们的眼底，而星光却洒落在我们的身上。百年历史如白驹过隙，你我还需奋力奔跑，在这光荣荆棘路上继续走向永恒。

重明继焰，星火绵亘
——读《百年上大画传》有感

蔡雅静

"红"，是《百年上大画传》呼之欲出的红色封皮，是老校舍历久弥新的斑驳红砖，是中国共产党百年的时代旋律，是革命先辈前仆后继的鲜血，是新时代青年饮冰难凉的热血。翻开《百年上大画传》，步步回首，翻开百年的时代画卷，星火绵亘；上大学子步步昂首，直面未来的白云苍狗，重明继焰。

《百年上大画传》以时间为线索，用图文结合的形式构建了一个微缩的百年上海大学的时代长廊。它不仅讲述了上海大学从建校、合并四校到新时代建设的曲折发展史，列举了瞿秋白、邓中夏、何秉彝等优秀上大师生，更表明了新上海大学的人才培养计划与新时代的历史任务。

在那个硝烟四起的年代，"文有上大，武有黄埔"，上海大学作为近现代文化教育的主力军之一，它的发展与中国共产党的发展同频。从青云里到西摩路，从方斜路东安里到江湾校舍，上海大学从成立伊始，校址几经变迁。哪怕身居洪流，哪怕阻挠重重，它依旧不变办学初心，像是微弱的火种，在劲风中忽隐忽现，却始终葆有灼热的温度，不断涅槃，不断重生，星星点点，点燃无数青年的红色基因。

在那个百废待兴的年代，中国刚刚步入工业化建设初级阶段。与时代相衔接，与中国共呼吸，上海科学技术大学、上海计算技术学校和上海工学院应运而生。在钱伟长校长的引领下，在各位人才教师的培育下，一个个懵懂的青年被锤炼成一个个坚韧的螺丝钉，深深嵌入秩序井然的社会机器。

"祖国的需要就是我的专业。"掷地有声，激昂肺腑。这是上海大学老校长钱伟长先生在择业之时的从心之言。他本可躲进国学与历史的"小楼"里"自成一统"，但他却选择扎根祖国需要的力学领域。钱伟长校长"弃文从理"不仅仅是个人选择，更是家国信念的具象体现。正如钱伟长校长随国家而变，上海大学也随时代而变。20世纪80年代改革开放初期，上海五所大学分校和上海市美术学院合并组建成为上海大学。当既需要理工基础又需要人文社会科学专业知识复合型、应用型人才紧缺之时，上海大学积极转变教学办学方式，自觉承担为社会输送人才的责任，助力上海进入经济社会转型发展轨道，推动中国经济建设与国际接轨，充分践行"先天下之忧而忧，后天下之乐而乐"的校训。

在这个波谲云诡的时代，上海大学紧跟时代，求实创新，一路竹杖芒鞋，一路硕果累累。新时期的上海大学，是国家"211工程"重点建设的综合性大学、教育部与上海市人民政府共建高校、教育部"双一流"建设高校。但它从不止步于这些头衔，而是锐意进取，积极求变。

创新发展是上海大学不变的底色，建设成为世界一流特色鲜明的综合性研究型大学一直是上海大学不懈的追求。以钱伟长教育思想为中心，上海大学鉴古而知今，彰往而察来，在全方位发展的基础上重视自然科学教育与科技创新创造，建立环上大产业园、科技园区、新型智库。与此同时,随着现代社会新事物的不断诞生,知识产权学院、电影学院、音乐学院等陆续成立,为以理工科为主的科技研发增添了一抹人文亮色。正是这种顺时施宜,上海大学推出许多国家精品课程,荣获众多国家级奖项,培育了众多优秀人才。

纵观上大百年发展史,上海大学从不停留在同一个位面,也从不舍弃过去的一切。它创新,却也念旧;它发展,却不忘本。它是中国的普罗米修斯,在黑暗中高举希望的火炬;它是火种的守护者,百年如一日地传承着革命基因与前辈智慧。作为新时代的上大学子,正处于百年未有之大变局之中,我们也将坚守这份百年传扬的传统,将百年上大的精神投影在自己身上,顺应时代潮流,响应国家号召,因创新而发展,因铭记而自强。钱伟长老校长的音容笑貌始终镌刻在上大学子的记忆里,他的谆谆教诲始终指引着上大学子走向国家需要的领域。

重明继焰,以史为鉴,心中常存先辈精神;星火绵亘,我们是千万星火,我们终将点燃一个时代。

强国有我

借古喻今，继往开来

那衣拉·迪里夏提

岁月不居，时节如流。上大迈过百年里程碑与我们相遇，在这里，我们展鸿志，博宏图，越万里，征新程，在这历史的浪潮里，一同掀起层层巨浪。

青春是一场盛大的邂逅，正值青春年华的我们相遇上大，同过往前辈一样，用青春浇灌上大，用热血温暖上大，携手筑梦，展望未来，用真诚的热血共筑美好上大。

回首往昔，迎接未来。从1922年到2022年，从20世纪到21世纪，从战乱到和平，历经磨难，这是一幅没有尽头的画卷，从最初的几次变迁，再经封闭后复校，最后四校合一成为现在的上海大学，这一路历经险阻，并非几句而能述说，但历史总在铭记，精神在传递，信念在被坚持，代代前辈一路征程，他们披风斩棘，为后人留下背影，用最坚实的脚步踏过最泥泞的道路，他们是能在敌人前坦然说出"此地甚好"宁死不屈的瞿秋白，他们也是为共产主义事业英勇地献出了年仅39岁的生命的邓中夏。有许许多多他们饱含血泪的付出，才有今天的上大，而我们恰逢当下，恰逢上大的壮年时期，更应当做出新一代上大人的风范，我们也不仅仅是上海大学的青年学子，更是新时代的新青年，生逢盛世，我们青年当有为，回望过去历史，我们更应当继往开来，继续踏上属于我们的新征程！

没有共产党就没有新中国。共产党就如一面屹立不倒的旗帜般，指引无数人寻找方向，我们党用奋斗、牺牲和成就赢得了人民，赢得了历史的选择。中国共产党人用自己真诚的热血，将自己与群众紧密联系在一起，带领人民创造了实实在在的幸福生活，其中不乏上大的身影，而上大也随着革命进程和祖国发展一直前进。历史的印记里，我们上大人从未忘记奋斗，从未忘记奋力追求，从未忘记中华之崛起。

红色学府，历久征程。中国共产党在上海大学积极宣传和传播马克思主义，加强了基层组织的建设，发展大批优秀师生入党，让上大与党密不可分。积极宣传和传播马克思列宁主义，不断播撒革命火种，帮助建立党的地方基层组织，并开展平民教育工作，再至"北有五四时期的北大，南有五卅时期的上大"，以及妇女解放运动，创办革命报刊等，上大的身影在我国的现代史上随处可见，积极投身各项正义革命活动，极力推动时代脚步，上大从来都不仅仅是学府的名称，它更是那个时代下，追求卓越、历久弥新的标签，我们的脚步从未停止，时代的火炬必将在我们的手中愈发热烈！

旭日从东方升起，我们也更需努力。时代的洪流正在愈发迅疾，我们也将要踏上行程。来到上海大学，成为上大的一分子，是我的荣幸。相遇上大，领略历史风采，感悟民族文化，提升自我修养，开拓自身思维，我倍感自豪。而上大的红色征程也深深打动我，更让我坚定了加入中国共产党的信心，生逢盛世，青年学子更应有为，将个人命运与国家前途紧密地结合在一起，永葆初心，勇担责任。回望峥嵘岁月，革命先烈舍我其谁的斗争意识和视死如归的必胜信念，换来今日山河锦绣、国泰民安的幸福生活，历史车轮滚滚向前，新时代青年朝气勃发。

学史明理方向，新青年坚定理想信念，学革命精神，新青年抱定必胜信念。上海大学一路走来的，无数优秀师生携手共进，我想如果，如果时空没有错位，我们必定与那个时代的上大青年相拥，我们也必将一起面对更好的上大和更好的祖国。时间或许会忘记，但历史必将被铭记，我们站在前辈的肩膀上，眺望未来的美好风景。

青年是不忘初心的践行者。

青年是新时代的奋进者。

纵有千古，横有八荒；前途似海，来日方长。今有踏上新征程的新青年，以"第二个百年奋斗目标"为指引，走好我们这一代的长征路，用奋斗创造更好的明天；以史为鉴，坚定信念，坚持党的领导，追随上大的步伐，自强不息，期待更好的明天；以今日之勇气，创明日之辉煌，欲穷千里目，更上一层楼，为中华之崛起而奋斗！

自强不息,奋进不止
——读《百年上大画传》有感

曾志宸

三月微风吹拂,我在西摩路看见了一位老人,老人泛着白光的头发十分稀疏,鬓角连腮,眉须也近白色。可我细细看去,却见双眼灵动有神,嘴角微抿,亦可见几分悲悯,望着一座废墟。受战火的侵蚀,废墟的形状已无法识清,只隐约看见墙上竖刻着四个大字。风中带着烟尘,夹杂着仓皇躲避之声,老人却视若无物。

我躬身上前询问为何而来,又因何事而凝视废墟。许是因我的年岁,老人待我十分和蔼,他摇晃脑袋往前缓步,我也急忙跟上。"我呀,近日终见我的学生学籍被追认,一时欣喜,却也没忘战争之苦,转念便来了此处。"老人告诉我。我仔细询问。老人又告诉我,他曾是上海一所高等学府的校长,而此处便是他们曾经的校舍,但1927年时学校被国民党当局查封了。看着眼前尘土飞扬,情到深处,老人眼角湿润,却终没让眼泪滴落。他又望向我,眼神坚毅:"中国积弱已久,当以学为重,重建学府虽希望渺茫,于己于国,我都不能放弃,也不敢放弃,自强不息,此为真理!"我满怀敬意地向老人鞠了一躬,说道:"是啊,自强不息!感谢您为上海大学,为中国学子作出的贡献!我们始终相信中国的未来一定是光明而可期的!"

微风再次吹拂,我缓缓回神,从书桌上起身向远处眺望。回神的我明白了什么,抽出一本油红色的画传,再次翻阅。正百年前,先烈们救国求存,奔赴上海,建立了上海大学,红旗招展百年,几经困苦,却也屹立不倒,自强不息。

在黑白的相片中,我看见了曾经的上大校舍——它被毁于战火。可我却又望向了我书桌上拼接好的崭新的校舍模型,心中莫名生出一股酸楚。尽管炮火隆隆,上海大学仍步履不停。也正是上大人的那份自强不息的精神引领,才有了当今发展:只有那些勇敢镇定的人,才能熬过黑暗,迎来光明。

从战火中走来,从青云里走向世界,一张张泛黄的黑白照片中又添上了新的样貌,上海大学正在努力建设成为世界一流的综合性研究型大学。求实、创新、自强不息,上大人敢于走别人没走过的路,敢于见不一样的风景:"钱伟长教育思想"行于前路,"大国方略"思政课程独具特色,"志愿者服务西部计划"广受赞扬,孔子学院"先进中方合作院校"的称谓亦是我们的骄傲……上海大学,这所以"上海"这座城市命名的大学,正融具上海的独特魅力,汇入时代潮流中,为中国发展贡献出一抹独特的上大蓝!

走却岁月沧桑,看而今日之上大,少了几分傲气,多了几分担当。百年峥嵘岁月所传承下来的那份"自强不息,奋勇开拓"的精神,怎能在这一代消失,又怎会在这一代消失!我们,新一代上大人,定将不忘百年传承,不忘百年前先烈与我们共同的革命理想:建设美好新中国!

泛着油光的红皮画传,它跨越时空,带我触摸历史,在画传中,我仿佛探明到了上大人骨子里的精神——自强不息。亦如校歌所唱的,"自强!自强!不息的自强",我们在自强中寻觅着新的世界!

期颐之年，仍风华正茂

甘慕言

百年走来，上大仍旧风华正茂恰少年。它既是革命时期的红色学府，又是新时代下迅速发展的一流高校。它既是工人运动的中心地，又是改革创新的排头兵。那么，为什么百年过去，上大没有显露出所谓"老态龙钟之态"，反而"恰同学少年，风华正茂"？答案就在"自强不息；先天下之忧而忧，后天下之乐而乐"的校训里。

"先天下之忧而忧，后天下之乐而乐。"那么，何为"天下"？

毫无疑问，是人民。人民就是天下，天下就是人民。为什么上海大学能够永葆青春？答案就是上海大学一直教育学子将人民放在心上。上大作为红色学府，一直以家国情怀和人民至上为己任。"文有上大，武有黄埔"。在革命之初，上大是传播先进文化知识的重要阵地和革命运动的坚强壁垒。无数上大学子投身轰轰烈烈的民族解放运动。"扶大厦之将倾，挽狂澜之既倒。"他们或走上街头，领导学生运动；或著书立说，传播马克思主义；或身着戎装，打倒军阀反动统治。无数伟大的无产阶级革命家、学者、烈士从上大走出,他们自始至终都怀抱着家国情怀。他们怀着要把帝国主义赶出中国,"为有牺牲多壮志,敢教日月换新天"的理想,抛头颅洒热血,为上大烙上了深刻的红色基因和优秀的革命传统。

白驹过隙,来到改革开放与社会主义现代化建设的新时期。在改革开放的浩浩洪流中,钱伟长校长提出了八个"怎样办"的思考和"办大学要拆'四堵墙'"的思想。此时,四校合并、涅槃重生的上海大学正肩负着助力上海社会经济全面发展的重任。上海大学的发展与上海的发展深度融合,正如上海的飞速发展一样,上海大学也随之迅速发展,不仅成为"211工程"重点建设大学,还拥有一大批重点的实验室和研究基地,在社会科学的研究上,上大同样创造佳绩,无数学者走在田野上,把论文写在祖国大地上,创造了累累硕果。上大的新结构经济学研究院是全国的新结构经济学研究高地,屡屡获取优秀的学术研究新进展。上大把自己的命运与上海这座中国的经济中心城市深深联系在了一起,我们上大人依旧怀抱着"先天下之忧而忧,后天下之乐而乐"的校训精神,坚持学有所成,以经国济民为己任,服务上海,服务人民。上大始终以祖国更好的发展、让人民享受更好的生活为己任,无数上大师生都在这条道路上一直努力。

但是,扪心自问:如果只有"先天下之忧而忧,后天下之乐而乐"的理想信念,上大会有如今的成就吗?会有如此绚烂的革命传统和时代精神吗?当然不会!只有理想信念而没有行动的人,就只会一次又一次地上演哈姆雷特般的悲剧,成为"延宕的天才""坐在轮椅上的复仇者"。所以,我们要行动起来,切身实践我们的理想信念。那么,如何实践?答案就是校训中的"自强不息"。

在积贫积弱之时,百年前的先烈们秉持着自强不息的精神,在国民党反动派倒行逆施的白色恐怖控制下,上大学子们不惧艰难困苦与牺牲,为了民族救亡,为把四万万中国人民从帝国主义、封建主义、官僚资本主义三座大山下解放出来,他们抛头颅洒热血,将自己的青春奉献在祖国大地上。改革开放以来，上大同样以自强不息为行动准则。一直以来，无数上大学子踔厉奋发，笃行不息，一直在祖国建设的第一线，为中华民族伟大复兴献出上大力量。

　　回望历史是为了更好的展望未来。上大已经走过了灿烂绚丽的一百年，即将朝着下一个百年继续接续奋斗。我辈上大学子由此心潮澎湃。上大既有新民主主义革命时期的红色传统，又有改革开放以来的时代精神。我辈一定会创造性地在赓续红色基因的同时，发扬属于我们这代人的时代精神。上一个百年光辉灿烂，下一个百年由吾辈继续创造！我辈上大学子定将肩负起重任，发扬"自强不息；先天下之忧而忧，后天下之乐而乐"的校训精神，继续奔走在时代的潮头！

燃青春热血,传红色火炬

杜群南

李大钊曾说:以青春之我,创建青春之家庭,青春之国家,青春之民族,青春之人类,青春之地球,青春之宇宙,资以乐其无涯之生。

青春,毋庸置疑,是一个人人生中最风华正茂的时期。手握日月摘星辰,这是我们青春的意气风发;闲坐石阶,笑看落日,这是我们青春的恬淡;奋笔疾书,焚膏继晷,这是我们青春奋斗的模样。2022年,是中国共产党成立100周年后的第一年,也是我们上海大学建校的100周年,而百年交汇,必定再创新篇。幸运的我们,青春时段恰好出现在如此意义重大的时间节点上,但同时,我们也肩负起了一种巨大的责任,需要点燃我们青春的热血,来传承上大百年的红色火炬。

我们以谦逊之青春,感革命精神。

什么是革命精神?革命精神是在敌人的层层封锁下,依然舍命讨论拯救中国的不惧艰险;革命精神是爬雪山、过草地,万里长征路上的为谁辛苦为谁甜；革命精神是十四年抗日战争中的抛头颅洒热血；革命精神是烙印在每一位中国共产党党员心中的那句朴实无华的话——全心全意为人民服务……

前人栽树，后人乘凉。我们的先辈们为了保卫国家，保卫我们生存的家园，不畏生死，以鲜红的热血换来我们现如今赖以生存的土地，换得我们的堂堂正正，不用作别人的阶下囚。历史不应该被遗忘，而我们应该像勾践卧薪尝胆一样，时常提醒自己，当下的繁荣昌盛是先辈们用生命和鲜血换来的。我们的青春是需要谦逊的，我们需要谦逊地学习着我们先辈们的不畏艰险、舍生忘死、保家卫国、服务他人的伟大精神。有些人或许会觉得，过往的历史就让它过去吧，但是历史无法真的就这样过去，所受的伤痛也无法被时间抹平。以谦逊的态度，览读先辈们用生命谱写的诗篇，感悟他们的伟大精神，是现如今我们每一位青年必须要做的，只有这样，才无悔青春。

我们以激扬之青春，悟校训内涵。

身为上大人，我们都应该铭记我们的校训——"自强不息；先天下之忧而忧，后天下之乐而乐"。长江后浪推前浪，自古新人胜旧人。青春，澎湃着激昂与朝气，这段时间里，我们可以发挥我们的才能，做我们想做与擅长做的事情。我们对世界有着独特的思考，对专业有着无限的乐趣，我们厉兵秣马，满怀"敢教日月换新天"的气魄，我们沉着冷静，涤荡着自强不息的奋斗热情。然而，青春除了需要有自强不息的奋斗，还需要有胸怀天下的格局，要"先天下之忧而忧，后天下之乐而乐"。

我们大部分人都是平凡而普通的，但是我们却应该时刻关注着国家的大事，培养一颗"位卑未敢忘忧国"的爱国之心。倘若我们连自己的国家都不爱，国家又怎么放心把传承的火炬交到我们的手中呢？除此之外，我们还需要培养一种社会责任感。面对社会中的种种陋习和弊病，我们要勇敢地站起来，立场鲜明地表达我们的观点，脚踏实地地践行我们的责任。我们要知道，社会的今天或许就是我们的明天，我们今天的不作为和乱作为都有可能在未来的某一天反噬到我们自己的身上。作为青年人，定当以激扬的热情，去参悟那自强不息的奋斗精神以及那"先天下之忧而忧，后天下之乐而乐"的精神。

我们以奋斗之青春，创时代新篇。

习近平总书记教导我们要撸起袖子加油干。俗话说"靠人吃饭空米缸，下田流汗谷满仓"，只有通过劳动，通过我们艰苦的奋斗而取得报酬，我们才不会挨饿，才能自立自强。奋斗的青春是最美丽的，青年人应该有着青年人的活力与朝气，我们不能在身体健壮的时候却做着连七八十岁的老人都可以做的事情，那我们活一遭还有什么意义呢？既然青春正当时，那我们就要发挥我们的能力，不负韶华，勇敢向前。2022年，对于我来说注定是不平凡的一年。我来到了上海大学这座红色学府，成为上大的一分子，而作为新时代的青年，我必将举起前辈留下的火炬，用我的奋斗，将火炬举到更高处，并让它绽放出更加耀眼的光芒，在属于我们的时代，写下华丽的篇章。

以前都说"文有上大，武有黄埔"，作为上海大学的学子，我们应该始终牢记我们百年上大刻在骨子里的红色基因；作为中国共产党领导所创建的第一所高校，我们更应该听党的话，为祖国的繁荣昌盛贡献出我们的应有之力。星星之火，可以燎原。我们愿意把我们青春的热血当作助燃剂，将那一点点的星火，推动它成为焚尽世间一切黑暗的烈焰。

抚今追昔,携手并进
——读《百年上大画传》有感

肖蕙晗

上大百年,峥嵘岁月;巍巍校史,颗颗红心。作为在百年之际入校的一位"00后",我的指尖抚过《百年上大画传》的书页,仿佛摩挲着那段恍如眼前的岁月,亲身经历着伟业流长。上大的百年校史波澜壮阔,创未有、开先河,令我心生崇敬,进而热爱。

抚平与告慰

翻开画传,仿佛可以亲手触摸到那段以"红色""革命""先进"为关键词的回忆,于我而言更加触目惊心的却是一位位烈士年轻的脸庞和横杠右边戛然而止的年份。

当一个民族历史的车轮碾过,留下的车辙是这片土地的伤疤,成为留给和平年代的我们那个遥远又真实的时代活化石。我们的轻抚无法抚平过去的伤疤,唯有尽力告慰之。

试看今朝

生于乱世,广纳英才;四校合并,兼容并蓄,上大作为综合性大学,致力于让学生拥有现代化的知识体系和国际视野。

结合当下,在如今这个各类信息纷繁复杂的时代中,我要力争符合时代要求,响应时代号召,准确把握主旋律,胸怀共产主义伟大理想,培养自己的长远眼光,提升个人的应变能力,做到志存高远而脚踏实地。

追忆与追求

因为热爱,所以付出;因为付出,所以坚持;因为坚持,所以向往。怀着对上大的一片热忱,在此成年之时,我愈发渴望成为一名合格的上大学子。

身为一名大一新生,首要任务无疑是学习,用知识充实自己,用实践历练自己。同时,我也深知:这同样意味着对自身的高要求、严标准,在接下来的日子里,我要做的就是认真学习和积极生活。

赓续荣光

回首百年,校址几迁,不变的是红色学府的底色;四校合并,凝聚的是交流沟通的智慧。

上海大学深深扎根于不同阶段的社会文化土壤,旨在"培养建国人才,促进文化事业",故而永葆活力。上大用光辉的校史告诫每一位学子——若想要真正融入百年上大,为上大的下一个百年添色,并不是单单表现在思想和语言上,而是要体现在实际行动中。

与校同携

所谓学习，从新时代大学生的角度来看，更从一名合格的上大学子的标准而言，不仅要学好科学、文化知识，还要积极学习校史，知道上大从哪里来，为什么而来，又将走向何方，方能找准自我定位，与母校真正融为一体。

回归入校初心，上海大学不仅是一个闪亮动听的名字，它除了象征着光荣的历史、崇高的荣誉之外，还可以帮助我们指明今后正确的奋斗方向，让我们在母校的摇篮里不断成长。

努力实践

我始终坚信严谨治学，勤于实践。实践者，不仅包括专业实践，更需要社会实践。我将努力成为一名愿意为人民随时随地服务的志愿者。

在此期间，我将主动发挥并培养表达协调能力、统筹组织能力，做到以下四个"相统一"：学习科学文化与加强思想修养相统一；书本知识与社会实践相统一；自身价值与社会价值相统一；远大理想与艰苦奋斗相统一。

并肩前行

在奋斗的年纪，我们犹如罗盘上的磁针，跟随着磁场的牵动而体验人生百味。同时，现实的复杂性也时常使我们不得不偏离自我。在青春时代时有的阴翳中，不妨让阳光更贴近伤痛，预知而未知的虚空往往令我们不再囿于已知而既定的事实，结伴并肩前行。

朋辈师友

我在上海长大，聆听着长辈的教导，从绿领巾到红领巾，对上海大学的憧憬始终萦绕我的心头。

抗疫期间,我志愿发起线上红色诗歌朗诵活动,为所有封控在家的老师同学鼓劲,而今迈入大学,在这个大熔炉中,我初心不改。上大中优秀的学长学姐是我身边的榜样,他们在学习和生活中无微不至地关心着我们新生,使得我能够在正确的引导下快速成长。

透过上大画册的照片,翻过百年上大的书页,我看见这八个字"抚今追昔,携手并进"。

画传是历史的承载者,更是未来的指引者。画传上的他们是过去的我们,校园里的我们是未来的他们。他们为我们不再年轻,我们因他们不再彷徨。"抚"平我们的伤痛,告慰他们的英灵;试问"今"朝的我们,能否"追"上往"昔"的他们?与校同"携"的我们,亦是执"手"的他们。毅然向"前"的我们,一如他们锐意"进"取。

乘百年学府之舟,担民族复兴之任
——《百年上大画传》读后感

龚茗清

第一次翻开《百年上大画传》这本书,是在2022年8月的一个下午。彼时我接到上海大学的电子版录取通知书还不到一个月,对这所大学知之甚少,仅是知晓这所百年学府的录取分数线和从各类软件上找来的上海大学宿舍图片。当我确认过身份信息,从快递员手里接过那"一盒"录取通知书时,我很是惊喜,迫不及待地想要回家拆开它,看看里面究竟放了什么。拼好上大百年校舍模型,我拿出了一位重量级选手——《百年上大画传》。一页一页读过去,让我在更加了解上海大学这座百年红色学府的同时,又有了许多感悟。

"五四运动"爆发后,国共两党合作酝酿,在极其困难的条件下,上海大学成立了。作为中国共产党创办的第一所正规大学,"文有上大,武有黄浦""北有五四时期的北大,南有五卅时期的上大"是对上海大学最权威的认可。许多只在历史书中出现过的名人,如孙中山、毛泽东、李大钊等人，都与这所学校有着密切的联系，他们或关心学校建设，或担任校董，或在学校工作。20世纪20年代，许许多多杰出的人才从上海大学走出，投身于党和国家的伟大事业。那时，上海大学便是众多有志革命青年向往的"东南革命最高学府"，在现在，仍然是如此。

一场轰轰烈烈的"五四运动"不仅将工人阶级推上历史舞台，也让人们感受到了青年群体力量的强大。中华上下五千年，在漫漫的历史长河中，不管是哪个时代，青年总是发挥着至关重要的甚至是改写历史的作用。他们用行动在历史书上写下浓墨重彩的一笔，用行动诠释那句"鲜衣怒马少年郎"背后的意气风发和无边志向。

"无限山河泪，谁言天地宽。已知泉路近，欲别故乡难，毅魄归来日，灵旗空际看。"这首《别云间》是少年将领夏完淳的绝笔，他写完这首诗后不久就战死沙场。十七岁少年的笔下充满着对国家的热爱，那股英雄气在诗句中回荡，令人热血沸腾。青年永远热血沸腾，永远意气风发，永远疾恶如仇，永远心向国家。

在国家陷入危难的时候，是青年挺身而出，投笔从戎，或在前线以命拼杀，或孜孜不倦地探索拯救中国的道路。我们生在和平年代的中国，对于那段历史，只有在各种影视剧中才能窥见其冰山一角。《风声》中，她用自己的命换回情报和情报线的安全，另一位年轻的情报员迅速成长，接过她的任务和重担，成为和她一样优秀的地下工作者。《觉醒年代》中，他积极学习研究救国救民的道路，他领导起义，即使被各种折磨，也从不低头，他从容赴死，用鲜血筑牢革命的根基。《长津湖》里，他们以少敌多，凭借超乎寻常的勇气和毅力，重创敌人，扭转了抗美援朝战争的局势，他们斗志昂扬，碧血丹心，一字一句都铿锵有力。身体虽然已经不复存在，但他们的精神将会代代流传，他们的身影刻在历史里，将永远被人们铭记在心。他们永远年轻。

我时常在想，我们青年该怎么做，才算是对国家有贡献。现在是相对和平的年代，与百年前不同，还不需要我们中的大多数人为国家扛枪上战场。但目前，世界形势紧张多变，我们正遇百年未有之大变局，表面和平的湖面底下是暗流涌动。中华民族伟大复兴的道路依旧曲折艰难，我们任重而道远。那么，作为一名新时代的青年，或者说作为一名上海大学的大一新生，我又能做些什么？《百年上大画传》让我在心中有了答案。在画传里，我们可以看见，上海大学走到今天的过程中经历了多次合并，一路走来的道路并不平坦。正因为有这曲折的道路，上大才能形成如今"自强不息"的校训，也正因为其创办的时间与性质的特殊，这才有了另一条校训"先天下之忧而忧，后天下之乐而乐"。

上海大学是一座百年红色学府，它的校训不仅是学校对学生的教导，亦是国家对青年的寄语和期望。作为一名新时代的大学生，我们要学习、传承并发扬革命先辈永垂不朽的精神；忠于党和国家，服务人民群众；努力学习科学文化知识，为国家的发展做出贡献，即使力量微小，也有着积极意义；关注时事、关注民生，将自己能做的做得更好，用行动诠释"先天下之忧而忧，后天下之乐而乐"。

上海大学是一个很好的平台，有着百年红色历史的它给每位学生提供了进步思想的根基。我们要乘上这艘大舟，推动它前行的时候，也在这个百年未有之大变局的时代，努力成为国家前进的动力。

近百年来，我们从未如此接近过中华民族伟大复兴这一目标，而现在，已经进行到了关键阶段。我们要担起民族复兴的重任，就像几十年前的革命先辈们那样，不畏困难，勇于创新，为共产主义事业奋斗终生。

前路曲折又何妨，只要国家还有青年，只要青年的血依旧那么滚烫。

践行伟大建党精神的一百年

谢纪慧

初见画传,一片亮丽的红刺激着我的视觉感官,调动出根植于中国人心中那份对于"红色"独特的理解与澎湃的热血。长于上海,入学之前,便对于上海大学有着一定的认识,不过较为浅薄,而正是《百年上大画传》为我打开了深入上海大学这座红色学府的大门。

静静浏览,畅游在上大百年校史之中,一个又一个伟大建党精神的内涵涌入我的脑海,峥嵘岁月中的奋进历程将浓缩的三十二个字变得更为可感,也更为动人。

坚持真理,坚守理想

大学是教育、培养新青年的圣地,坚持的理论、坚守的理想在很大程度上影响着青年学生的思维观念,甚至决定着求学者一生的价值观体系,因此,一所大学所宣扬的"真理"与"理想"对于整个社会来说都至关重要。

百年历程中，上海大学在中国共产党的带领下，始终沐浴在正确的指导思想之下。无论是开展平民教育工作，还是拥护孙中山，与国民党右派展开斗争，抑或是争取妇女解放，这些都是坚持"真理"的体现。除此以外，中国共产党在上海大学积极普及马克思列宁主义，使得上海大学成为宣传和传播马克思列宁主义的重要阵地，直至今日，马克思主义学院仍在上海大学占据重要的地位。在丰富多彩的课堂中，我们也能够学习党的知识，接收有关真理的教育。

践行初心，担当使命

作为一所高等教育学府，早在百年之前，由邓中夏主持制定完成的《上海大学章程》中就明确提出上海大学的办学宗旨，即"养成建国人才，促进文化事业"，这是一片被给予了极高期望的初心，在之后的一百年里也作为办学初衷始终烙刻在每一任领导者的心中，不断宣扬与传承，潜移默化地影响着一代又一代上大学子。

1922—1927年青云发轫时期，鉴于中国革命的需要，上海大学担当起培养杰出的革命热血人才的任务；20世纪50年代中期，上海作出转型发展的决策，急需大批高精尖技术人才，于是"四校"相继成立，肩负起输出高级专门人才的使命；1983年，上海进入经济社会转型发展轨道，于是上海五所大学分校和上海美术学校合并组建成上海大学，迅速投入培养复合型、应用型人才的教育事业。

在中国社会发展的不同阶段，上海大学始终践行着初心，顺应时代，不负使命。

不怕牺牲，英勇斗争

"北有五四时期的北大，南有五卅时期的上大"，这句话早已闻名遐迩，也是许多人认识上海大学革命史的第一步。1925年5月，上海大学师生带着满心愤懑，怀着满腔热血，忘却生死，只为反对帝国主义，捍卫国家，作为先锋积极投身到五卅运动这股革命洪流之中。

阅览全书，我对上海大学的革命斗争史有了更加全面的了解，出版《热血日报》，参加妇女解放运动、"非基督教运动"、上海工人武装起义，这些都是老上大的师生们超越一切自身利益为国家和平所做出的努力。

百年后的今天，身处和平年代，"不怕牺牲，英勇斗争"的精神在上大的校园中并没有成为过去式，也绝不是空喊的口号，上海大学的学子们仍将报效祖国、英勇斗争的崇高精神内化于心，外化于行，一批又一批大学生应征入伍，穿上崭新的军装，为强国强军梦增添青春力量。

对党忠诚，不负人民

上海大学与中国共产党的关联是极其紧密的，对党的忠诚深深根植于上海大学的历史中。在老上大中，集合了一批中国共产党的早期党员和党的领导人，上海大学的党员人数也一直在全市党员尤其学生党员中占有比较大的比重，因此上海大学是中国共产党在上海最活跃的基层组织之一，是中国共产党早期革命的坚强堡垒，上海大学始终帮助和推动党的进步与发展，践行党的思想，不负人民，为党的事业奠定了坚实的基础。

1994年至今，上海大学也紧跟党的步伐，一直以不同的方式服务着社会，开展成人教育学院、成立上海市企业家培训基地、与云南大学签署对口支援两校合作协议、承办"中国非遗传承人群研培计划"，推广各项志愿者服务活动……这些都将"不负人民"的精神体现得淋漓尽致。

正是学校层面对于伟大建党精神的身体力行，激励着更多上大学子不仅仅以提高成绩为目标，摒弃令人哗然的精致利己主义，将个人志向融入党和人民的事业中去。

执校之手,书百年铿锵

秦梦瑶

那天,带着满怀的憧憬,我看到了那一本厚重的画传,后来我想,或许厚重的不是画传,而是沉甸甸的历史。

我翻阅画传,追忆往昔,在历史的洪流中细数上大的百年光阴,一寸一寸时间变迁,一寸一寸万物更新。我站在2022年的时间节点凝望昨天的上大,看见了她成长的点点滴滴。我的胸腔流淌出滚烫的岩浆,我屏息凝神,却抑制不住欣喜若狂的心情,我窥见了她的出生,1922年10月23日,上海大学作为中国共产党创办的第一所正规大学正式成立,学校克服种种困难,艰难办学,吸引四方热血青年影从云集,为中国革命和建设汇聚、培养了一大批杰出人才,我看到她得到了"文有上大,武有黄埔""北有五四时期的北大,南有五卅时期的上大"的美誉,我激动,我骄傲。

我看到了她的落魄,我看到她1927年5月被国民党当局强行关闭,我叹惋又可惜,可是我还看到了1927年11月成立了上海大学同学会总会，除办理学籍登记外，还筹备复校事宜。可惜的是，不久之后抗日战争全面爆发，复校事宜停止。最后，我看到了1994年5月27日，上海工业大学、上海科学技术大学、上海大学、上海科技高等专科学校合并组建为新的上海大学，并举行成立大会，首任校长是钱伟长院士，江泽民同志亲自为上海大学题写校名。

一百年风风雨雨，一百年沧海桑田；一百年生根发芽，一百年硕果累累。在一百年的鎏金岁月里，桃李千枝竞放，兰蕙万里飘香，在一百年的丰碑下流淌的是道德的源泉，矗立的是精神的旗帜，作为学子，我有理由为她流光溢彩的漫漫征程而骄傲，为她一路走来的铿锵而高歌。

历史的车轮滚滚向前，她不畏艰险，响应时代号召，勇担革命使命，研究学问之真，探求生命之理，在党和国家的注视下，在时代的潮流中绽放着绚丽的色彩，发扬着红色传统，传承着红色基因。耕耘百年春秋鼎盛，回望昨天，岁月峥嵘，然巍巍吾校，依旧牢记使命，紧跟中国共产党的步伐，与祖国共奋进，与时代同发展。一百年已经过去，依然余韵犹存，沉淀下来的是时空印记，兴盛辉煌交替更迭，守正创新的是先人们留下来的智慧结晶。她依旧慷慨以赴，挺身向前，依旧是固执的选择和坚定的守卫，殷殷之情俱系华夏，寸寸丹心皆为国家。

我曾以为与她素昧平生，却没想到缘分今生注定。

从我踏入上大校门的第一天起，便注定我是一个上大人，我在这里接受知识，接受正确与错误、真实与虚构的教导，我在这里感受红色的熏陶，思考人生，储备知识，我的意志得到锤炼，我的性格得到锻造，或许当年我会在跌倒后麻痹自己，做出忍让退却的举动，而上大的氛围、文化激励了我的斗志，孕育着我的梦想。原来怯生生的我，逐渐走向闪闪发光的舞台，我逐渐对自己的人生有了规划，有了期待。在上大，我选择绽放自己的光芒，不畏惧、不自满、不妥协，毅然前行，上大的华灯照亮的不仅是夜空，还有我那模糊的未来。

历史怎能忘怀。陈独秀、李大钊曾与当年的上大人谈经论典，立志"背黑暗而向光明，为世界进文明，为人类造幸福"，他们为那一代的上大人指明方向，将理想与国家情怀相结合，那么热烈，那么赤诚，即使穿越百年，也能与我们这一代上大人产生共鸣，只有将个人命运与国家命运结合起来，才是历史的选择。百年前的上大人在新旧文化之间曾经迷茫和探索，而今天我们新时代的上大人应该用自己坚定不移的信念和百折不挠的精神，于无声处完成梦想与使命的传承，生逢盛世当不负盛世，生逢其时当奋斗其时。

　　上大是在战火中孕育的，风雨飘摇，她却在红色上大人的呵护下坚强成长，她的光辉历史，如星火般世代传承，燎原不息，经一百年砥砺耕耘，一路披荆斩棘。现如今，我们惺惺相惜，学子不才，词不达意，唯愿我上大如月之恒，如日之升。如南山之寿，不骞不崩。如松柏之茂，无不尔或承。

驻百年风华，迎时代新篇

朱岩瑄

"一个共同的昨天，长江边我们奠基打桩…"山河动荡中，她萌发、生长，如今已枝繁叶茂让人们抬头仰望。自青云发轫，求实创新始终长存心间，次次校址变迁，不变的是一砖一瓦的自强不息；代代薪火相传，燃烧着的是百年不灭的爱国之心。风华跃百年，如今的上大荣光依旧，求卓越、创一流，以党的二十大精神为引领，奋力谱写时代新篇章。

忆往昔，先辈排除万难，于战火烟尘中建立起第一所由中国共产党实际领导的正规大学，"文有上大，武有黄埔"，她自建立就如同明珠，纵使社会纷乱也难掩其光辉。在陈独秀、瞿秋白等共产党人的带领下，她初显芳容，马克思主义之花悄然绽放。不仅如此，中国共产党以上大师生为骨干，团结工农，发动群众，真正使知识深入基层，不断壮大爱国知识分子队伍。她包容每一个生命的加入、锻炼、成熟，慷慨地给予智慧的甘泉，最终成就自己的辉煌。

星星之火，可以燎原，当年青云里孕育的一批批国之栋梁，他们在一方书桌前汲取中华文化之精华、学习马列主义先进思想，以大无畏的精神奔赴革命前线。听，五卅运动中他们高声揭露资本家对工人的剥削，年轻的声音控诉着帝国主义侵略者的残忍，多年来深埋在中国人民心里的怒火如火山爆发般喷涌而出，导火线瞬间点燃，反对帝国主义的民族运动浪潮以不可遏止的浩大声势迅速席卷全国。看，这里进来的是求知若渴的爱国青年，走出的是各行各业的建国人才。他们之中，有党和国家的卓越领导人，一生保持共产党人本色；有享誉文坛的诗人作家，为文化建设呕心沥血；有抗争在第一线的英勇烈士，以血肉之躯抵御外敌，为国为家。百年流转，他们的身影永不褪色，往后新篇，便交由我们继续书写。

看今朝，上大秉承"自强不息；先天下之忧而忧，后天下之乐而乐"的校训，一路乘风破浪，沿着中华民族伟大复兴的航线前行。新中国成立之初百废待兴，三校破土而出，勇挑重担，积极响应国家号召，向工业化、社会主义现代化源源不断地输送"高精尖"技术人才。历经风雨终见彩虹，20世纪90年代四校合并组建新上海大学，钱伟长校长以独树一帜的教学方式开创了思想解放与学术繁荣的新局面。一如周总理所许诺"愿相会于中华腾飞世界时"，上大以崭新的姿态与祖国共迎美好的未来。

迈入21世纪，她作为"211工程"的一员，锐意改革、不断创新，加强完善基础设施建设，以齐全的学科门类、有影响力有潜力的教师团队、广泛的中外合作交流等优势努力在世界大学行列中刻下鲜明印记。大工至善，大学至真，党的二十大报告中习近平总书记呼吁"聚天下英才而用之"，培养德智体美劳全面发展的社会主义建设者和接班人。上大正以此精神为引领，坚持以习近平新时代中国特色社会主义思想为指导，立德树人、为国育才。一间间现代化教室为上大学子提供了良好的学习环境，数字化教育、一站式服务使学生学习生活更加便利，以现代科技为抓手，上大重视理论与实践相结合，基础建设与精神文明建设并举，不断提升办学水平，力求建设世界一流、特色鲜明的综合性研究型大学。

望远方，我们是上海大学的一分子，我们无所畏惧。无数先辈们为之拼搏奋斗的百年历史，如今靠我们提笔续写。书山攀登的片刻，也许有过彷徨、懈怠与困惑，学海遨游的瞬间，可能有过迷茫、失落与疲倦。但在这里，丰富的精神食粮等待着我们发掘，多彩的生活等待着我们去体验。

泮池旁的草坪洋溢着欢声笑语，焕发着年轻的活力；讲堂上老师诲人不倦，以自由的交流方式启迪着我们创新的思维；摊开如书本状的图书馆满是书香与奋笔疾书的年轻身影。在这里，优秀的人共聚一堂，辩论沟通，携手共进，共创辉煌。来来往往的同学，或三五成群，或独自步行，背负的是知识的重量，前方是灿烂的未来。

鼓起勇气吧青年们，我们只管搏击风浪不畏霜雪，敢于追向太阳勇往直前，不要犹豫，不要彷徨，相信我们的未来一定会迎来风和日丽、碧海蓝天。

红色学府，风华永驻，前途无量，共迎新篇！

百年上大再出发

别奕璇

百年征程波澜壮阔，百年初心历久弥坚。匆匆而过的岁月悄无声息，2022年，我们迎来了上海大学建校100周年。上海大学，它有着老者古朴的褐色，风风雨雨、岁月打磨，在过去的百年里，它站立着，将往昔记忆温柔抚摸；上海大学，它有着少年无畏的红色，坎坎坷坷、时间洗濯，它奔跑着，向前方的终点拼搏。回望百年，我们硕果累累、收获颇丰；展望未来，我们昂首挺立、蓄势待发。

年华流转，岁月如歌，我们歌颂你。在时光的隧道中，我们倾听"文有上大，武有黄埔""北有五四时期的上大，南有五卅时期的上大"的历史回响，领悟"养成建国人才，促进文化事业"的崇高使命，品读红色学府在历史洪流中作出的卓越贡献。建校之后，大批中共早期共产党员、马克思主义者来到上海大学任职任教，他们充分利用课堂和党的刊物，结合中国革命实际，发表了大量文章，传播、普及马克思列宁主义，使上海大学成为宣传和传播马克思列宁主义的重要阵地。

上海大学撒播革命火种，帮助各地建立中国共产党地方基层组织，同时开展平民教育，深入工人居住区开展工人运动，领导工人罢工斗争。在建校初短短的几年中，上海大学发挥出磅礴的力量，为国家的浴血重生作出了不可忽视的贡献。

时光荏苒，岁月如流，我们追寻你。在时代的浪潮中，你缓缓归来。你初心不改、活力依旧，与历史一脉相承，与时代紧密相连。20世纪50年代中期，上海作出工业生产向高、精、尖方向发展的决策。20世纪80年代改革开放初期，上海进入经济社会转型发展轨道，需要大批既有理工基础又有人文社会科学专业知识的复合型、应用型人才。上海大学在这样的背景下顺应时代发展潮流，涅槃重生。呼吸与共中，四校携手并进；伟长流业中，实现教育兴国。再归来，大胆创新、加强建设，引进三学期制，设立社区学院、钱伟长学院，加强党建，大力支持教育教学改革。日月星辰，时光流转，朝着与上海这座城市齐名的目标奋勇向前。

我们站在2022年追溯这所学校的悠久历史，不禁感叹这一路山高水远、荆棘载途。抚今追昔，我们看到这座学校不断焕发出蓬勃生机，在历史的新方位不断向前迈进。上大人始终秉持着"自强不息；先天下之忧而忧，后天下之乐而乐"的校训，坚持"求实创新"的校风，在社会各界发挥着自己的力量。在这里，我们赓续红色基因与创新精神，发扬钱伟长校长教育思想，沿着时代发展的方向，奋力奔跑、砥砺前行。

钱伟长校长曾说过："当今世界的大城市中，以城市的名字命名的大学有不少，其中也不乏佼佼者。我们上海大学的奋斗目标就是，经过若干年的努力，达到这些优秀大学的水平，与他们并驾齐驱！"钱老的话深刻鼓舞着一代又一代上大人，也深深震撼到了我。在阅读《百年上大画传》之后，我为学校发展之迅速感到震惊。作为上海市最年轻的"211"，上海大学在人才培养、科学研究、国际交流与合作、精神文明建设等方面投入的力量是十分巨大的。付出必定有回报，在一代代上大人的拼搏奋进下，我们离钱老的目标已前所未有的接近了！我相信，在不久的将来，钱老的期望将会成为现实！

　　作为一名大一新生，我很幸运在这个特殊的年份成为上海大学的一员。入学半年，这所学校已然潜移默化地对我产生了影响，我正在努力贯彻上海大学校训，以实际行动提高自身学识、增强个人素养。从我收到上海大学录取通知书的那一刻起、从我迈进上海大学校门的那一刻起，便注定我成为一名上大人。从此，我与上大无法分离，凡我在处皆上大。

　　韶光易逝，流年不语。百年上大，我们如约而至，迎接新的起点与开始。这是砥砺耕耘、奋力前行的一百年，是栉风沐雨、不改初心的一百年，是秀声美誉、风华正茂的一百年。如今，我们可以为这一百年画上圆满的句号。这绝不是结束，这是对百年期间仁人志士贡献的肯定与赞美，是吸取经验、再创佳绩新的起点，是迎接美好将来的崭新开始。

　　山高水长，路途迢迢，百年上大再出发，我们在路上！

风雨兼程百年显，栉风沐雨自担当

殷千雅

站在钱伟长图书馆一楼的书架前，看着书架上那一本本有关上大历史的书籍就那样摆在那里，我心里不由自主升腾起一股自豪。

进入上大以来，我逐渐了解了上大的百年历史，了解了上大努力发展的辉煌历程，了解了学校种种规章制度。我更将自己的经历留在上大，参观学校的校史馆时，灯光下是同学们对先辈们由衷敬佩的面孔；走过泮池，每一抹景色都能给我带来极大的惊喜；在教学楼

奔波、学习，更加体会到钱伟长老校长对我们的关心和期望。我发现，我已经由衷地爱上了这所学校，爱上了这所学校的历史，爱上了在这所学校学习生活的每一个瞬间。

翻开《百年上大画传》，在那旧中国的风风雨雨中，我看到，那一位位留名青史的人物对上大的建设和发展所作的贡献，在他们的努力下，20世纪20年代的上大各学科已逐渐完备，声名鹊起。我看到，上海大学的师生们依旧砥砺坚定，他们发表宣言，提出抗议，反对军阀

统治，反抗帝国主义，"上海大学学生于昨日上午十时出发游行……沿途演讲，语极沉痛，听者莫不动容"，从当年《申报》中的只言片语，我仿佛看到当年的上大学生言辞恳切、字字动容，他们有感于时代的灰暗与无力，他们希望劈开这时代的混沌，创造中国的光明前景。纵使不知道具体宣讲的内容，但当时的他们，与现在的我们应是同龄人，他们意气风发，书生意气挥斥方遒。

翻开《上海大学（1922—1927）师生回忆录》，惊喜地发现丁玲竟然也是上海大学的学生，我细细品读着她的文字，她在文章中说着在上海大学曾经上过的课，"我喜欢沈雁冰先生讲的《奥德赛》《伊利亚特》这些远古的、异族的极为离奇又极为美丽的故事"，"可是，最好的教员却是瞿秋白……他谈话的面很宽，他讲希腊、罗马，讲文艺复兴，也讲唐宋元明。他不但讲死人，而且也讲活人。他不是对小孩讲故事、对学生讲书，而是把我们当作同游者，一同游历上下古今、东南西北"。这些点点滴滴，足以让每一个向往大学学习氛围的人动容。还未上大学之前，我便一直期待着大学的课堂生活，希望能在大学里思考哲学的奥秘，探索文学的魅力。我固执地相信，大学的课程是沉积在一种离奇而高深的意境里的，不再是简单的知识点式的教学，而是师生共探上下五千年，会有惊鸿照影，会有飞雪玉花，飘落在大学的课堂上，触发于师生的思想交流中。

我怀着这样的期望和信念，来到了上海大学。我惊喜地发现，我曾经期待着的，真真实实地发生在了我的现实生活中。不再是看着书上如镜花水月的描述，不再是如幻般的想象与虚拟。在人文智能课堂上，老师寥寥数语将我带入人工智能时代，之前总是固执地只想在故纸堆里翻着前人已经充分研究的内容，现在我知道人文学科更应该面向当下，面向未来。还有那次和全程导师的促膝长谈，原来总认为问老师知识以外的问题会很唐突，可是他那一句"你们才大一，什么都不懂是正常的"将我的心放回了肚子里。他为我们解答专业选择和职业规划的疑惑，解决我们思想方向上的问题。我一直很敬佩大学教授，觉得他们才是掌握思想上的先导者，现在看来，他们不仅仅专业能力过硬，更伸出一双双手，将尚在海里的我们努力拉上岸。他们已识乾坤大，犹怜草木青。

　　翻阅历史，百年似乎尽在我手，弹指而过。但只有历史的亲历者，才能感受到历史的变革与发展，才能体会到历史的作用与影响。我们这个时代，和百年之前是完全不同的，却又是十分相像的。这个时代同样面对困难，同样历经沧桑。上大经过百年的风风雨雨走到了今天，成为这样一所综合实力强劲的学校。而我们，当今的上大学子，更应当传承曾经先辈的担当，面对栉风沐雨依旧向前，面对疫情依旧无畏，摆脱掉冷气，有一分光发一分热，显示出当代青年的时代精神和责任素养。

　　我始终相信，上大就在那里站着，包容着每一个上大人，见证我们的努力，接纳我们偶尔的迷茫。上大也和我们一样，在努力向上走着。下一个百年，上海大学又会发展成如何一番模样呢？

忆百年上大,立青年之志

邓金程

1921年,嘉兴南湖上的那艘小船,点燃了中华民族的希望之火。党的诞生就好像为当时中国阴沉昏暗的天空撕开了一条裂缝,让阳光一点点地渗透进来,让这片沉寂的大地渐渐焕发出新的生机。

1922年,在中国共产党和国民党酝酿合作的背景下,上海大学成立了。在共产党人的领导下,前辈们在艰苦卓绝的岁月带领着上海大学克服各种各样的艰难困苦。他们四处奔走,吸引五湖四海的热血青年、莘莘学子,他们传播知识、指引学生们建立信仰,为祖国的革命斗争和建设培养了一大批杰出人才。上海大学因此为中国革命汇聚、培养了一大批杰出人才,赢得了"文有上大,武有黄埔""北有五四时期的北大,南有五卅时期的上大"的美誉,成为中国教育领域一颗长久的明星。

上海大学自1922创立之初,就以"培养爱国人才,促进文化事业"为宗旨,凭借其自身超乎寻常的魅力,汇聚了很多仁人志士,为国家造就了大量的人才。早在一百年前,革命的果实就已在这样一所红色学府种下。革命家孙中山、陈独秀等也十分关心上大的建设。更是有邓中夏、瞿秋白等参与上大建设与授课,为当时的有志青年指引前行之路,为上大开辟了一条光明大路。上大这所红色学府亦开始了其伟大的征程。

长达百年的路途,上大坚持下来了!百年路途波澜壮阔,百年初心历久弥新。如今,在一代又一代校领导人的带领下,我们的上海大学已经重新屹立于世界学术之林。作为新时代上大学子,我们生在红旗下,长在春风里。也应当像上大前辈们一样,奋力攀登学术高峰,矢志谱写上大新华章!更应紧跟前辈们的脚步,接过前辈们的大旗,在这个大有可为的时代,让上大绽放出新的曙光。生而逢盛世,吾辈当自强!

犹记得习近平总书记对青年的殷殷嘱托:未来属于青年,希望寄予青年。金秋十月,我们迎来了上大建校百年庆典。作为新时代上大的青年学子,在这个特殊的时间节点,我们应当在自己的位置上,撸起袖子拼搏实干,挥洒汗水,创造未来。我们都在努力奔跑,我们都是追梦人。青春的旅途上我们一路高歌,萌动的心儿装满了理想,在上大中奋勇拼搏。同时在上大这样一所学府中,我们也要坚信上大对我们的引领,历史的实践证明,奋斗于上大,终有所获。

征途漫漫,唯有奋斗。回顾上大百年征程,我想,作为新时代上大学子,我也应该进一步肩负起自己身上的责任,清楚自己的使命。在未来的学习生活中,认真学习、刻苦奋斗,未来能够学业有成,建设祖国,为母校争光。

习近平总书记说:"无论我们走得多远,都不能忘记来时的路。"我们要在自己的位置上认真完成学习任务,坚持自己的原则与底线,严格遵循学校的各项制度和相关管理规定,坚守初心;在思想上,学会与时俱进,不断关注新知识、新思想,并加以深刻认识与学习,这样才能为我们的行动作出正确的思想引领。

脚踏实地每一步，行稳求进是正路。"不积跬步，无以至千里；不积小流，无以成江海。"任何成功的取得，都需要一点一滴地踏实奋进。作为新时代上大学子，我们要具有"斗争精神"，不怕苦，不怕累，勇往直前，主动作为，将自己的行为真正融入学校和国家的发展中去，为了中华民族伟大复兴而奋斗。

在上大这样一所红色学府中，我能汲取更多前进的力量；沉浸在上大的向上氛围里，我能取得更多的进步。愿我能够在上大实现自我价值，不负时代，不负青春。

恰逢上大建校百年校庆，我能够有机会翻阅历史资料，一步步深入了解到上大的历史，更加激励了我心中所向。如今，我们的祖国繁荣昌盛，人民有信仰，国家有力量，民族有希望。新的历史时期，上大正一日千里地发展着，向着更加美好的未来铿锵迈进！未来，我将以青春之名，书写未来；以心中所爱，献礼上大。在新时代的洪流中，我们上大学子必将助力上大宏图大展，再谱华章！

百年恰风华

邹奕雯

一百年的历史，承载了几代人的青春与汗水，回望过去，上海大学的发展之路既有曲折探索之路，也有辉煌成就之路。在上大百年的光荣时刻，我有幸考入上海大学，了解上大历史，赓续红色血脉。

于1922年10月23日成立的上海大学克服了种种困难，在艰难的条件下坚持办学。成立伊始，国共两党领导人和数名革命家，如孙中山、李大钊、瞿秋白等，与上大产生了深厚的渊源。一批早期党员在上海大学任教期间积极宣传和传播马克思列宁主义，发展了大批优秀学生入党，使上大成为共产党早期革命的坚强堡垒，向祖国大地播撒革命火种。在大革命时期和五卅时期，上大师生在党组织的领导下投身到革命洪流中，之后又积极参加妇女解放运动、"非基督教运动"、上海工人武装起义等，同时创办了一系列进步报刊。自从上大建校起，学校就十分注重教育质量，聘请了名师名人在校任教，践行"养成建国人才，促进文化事业"的办学宗旨，培养了大批知名学生，他们在各个领域都作出了杰出贡献。

作为由国共两党携手创办、共产党人主导的高等学府，在风云激荡的革命岁月，上大师生同舟共济，心系中华，不畏牺牲，开拓前行，吸引无数热血青年，培养出一大批杰出人才，上海大学也因此收获了"文有上大，武有黄埔""北有五四时期的北大，南有五卅时期的上大"的美誉，是一所拥有红色基因和革命基因的大学。

20世纪90年代，经过合并和教育改革，上海大学加强党的建设、注重人才培育和科学研究等各方面教育。作为四校合并后组建的新上海大学的首任校长，钱伟长老校长在上海大学原有的"自强不息"校训后面又加了一句话："先天下之忧而忧，后天下之乐而乐"，成为一代又一代上大人的精神向导。新时期的上海大学确立了钱伟长教育思想，持续开展"211工程"建设，正处于努力建设成为世界一流特色鲜明的综合性研究型大学的进程中。

溯源而上，大有可为。回望过去，上海大学走过百年峥嵘岁月，拥有百年光辉历史，见证了一代代学子的成长，积淀了深厚的文化和精神底蕴，独树一帜的教育思想和治校方略开创了学校思想解放和学术繁荣的新局面。立足当下，溯源初心恰风华，百年传承再出发。全体上大师生继承并发扬"红色学府"的优良传统，砥砺前行，不忘初心，不断开拓，锐意进取。上海大学给予我们一个展现自我，发展自我的平台，为我们的大学生活增添无数可能，创造无数机遇。展望未来，上海大学将坚持以习近平新时代中国特色社会主义思想为指导，以党的二十大精神为引领，以建校百年为新起点，弘扬伟大建党精神，自强不息、道济天下，在全面建设社会主义现代化国家、全面推进中华民族伟大复兴的伟大实践中，奋力谱写新时代上海大学的新篇章。

青衿之志，履践致远。正如李大钊先生所言："黄金时代，不在我们背后，乃在我们面前；不在过去，乃在将来。"作为上大学子，我们应该赓续红色血脉，弘扬光荣传统，不断学习提升自我，用先进的思想武装头脑，以严格的标准要求自己，找到自己的理想和价值，有序安排生活，作出明智的决定，敢于创新，激发个人潜能。在学习和工作期间，应严于律己，精益求精，脚踏实地，知行合一，为实现目标而不懈奋斗。

"青年之文明，奋斗之文明也，与境遇奋斗，与时代奋斗，与经验奋斗。故青年者，人生之王，人生之春，人生之华也。"百年奋斗，百年青春，上大百年奋斗的历史凝聚着一代代青年人的热血与奉献，身为当代中国青年的我们，是生逢其时、肩负重任、与新时代同行同奋斗的一代，青年应当先行，须立长志，有坚定的信念，无私奉献，迎难而上，肩负起时代的重任，书写我们这一代人的青春篇章。

沧桑岁月，日月铭记，不论是治学态度，还是家国情怀，历代上大学子传承发扬着"自强不息；先天下之忧而忧，后天下之乐而乐"的优良传统，笃志好学、修身立业，不畏艰难，拼搏进取，走过了一条光辉之路、艰辛之路和奋进之路。百年恰是风华正茂，上大精神薪火相传，生生不息。

溯源百年上大史，传扬今日革命魂
——《百年上大画传》读后感

金倍羽

李大钊说过："青年者，国家之魂。"上海大学在建校百年的金秋，迎来了一批懵懂好奇的新上大青年。作为大一新生，作为学校的新鲜枝叶，我们对于学校的发展、渊源，以及跨越百年的革命先辈们在这所学校建设背后流过的殷殷鲜血、在这所学校的学术天空布下的点点星光，都有着深入了解的无限渴望。学校在"录取大礼包"中附上了一本精美的《百年上大画传》，满足了我们这样的需求。

"百年历史青年学，百年上大再出发"，这是我们上一学期的团日活动主题，也是我在阅读《百年上大画传》时最真切的感想。作为青年学生、上海大学新鲜血液的我们，在追溯这漫长的百年历史的征程中，看见了上海大学与党相互支持、相互交融、相互依存、相互推动。一百年前，中国社会主义青年团第一次全国代表大会在广州召开，开启了党领导下的青年运动的新篇章。同年，党创办的第一所正规大学——上海大学，在国共两党的合作与支持下建成。上大的先辈们不畏时代的艰难险阻，以"养成建国人才，促进文化事业"为宗旨，促成了一大批青年学生在上海大学加入党团组织，走上革命道路，成长为优秀的共产主义战士，从而使红色血脉得以延续。

"弄潮儿向涛头立，手把红旗旗不湿。"国际化的浪潮下，共青团这样一个青年组织，以自己的毅力、魄力和勇气，在党的指引下，闯出了一条中国共产主义事业建设的光辉道路。上海大学作为革命的摇篮，其发起的轰轰烈烈的青年运动感染着全国各地的进步青年。

如今的上海大学，正以全新的面貌与更多的优秀青年携手共进。钱伟长老校长对中国力学发展的伟大贡献引领着上大崇尚学术的良好风气，各个学院为祖国建设事业输送了无数能够担当时代重任的上大学子。

学习上海大学百年的校史，可以让我们了解到上大的青年们在中国建设与发展的进程中所付出的努力与永远向上的精神。作为新时代上大青年，上大的新生力量，要坚强信念，强化政治理论学习和理想信念教育，努力担当民族复兴和社会发展的重任；要在磨砺中提升自己的本领，不仅要掌握基础性的知识与技能，而且要学习专业技能，理论联系实际；要崇尚奋斗的精神与热情，要做拼搏精神的示范者、引领者、维护者，更要增强弘扬奋斗精神的自觉性和坚定性，要敢于迎难而上，把敢于拼搏、努力奋斗的精神发扬光大。

画传中，上大的先辈们将校史点缀得熠熠生辉。其中，曹聚仁先生让我记忆非常深刻。在过去的历史学习中，我只了解到他作为一名记者的生平经历。他是抗日战争时期淞沪抗战、台儿庄战役等重大战事的报道者，也曾在海外有过记者经历。但是我在画传上的教师名录上，惊喜地发现了他的身影。原来，他也曾是一名上海大学的教师。他将亲身经历和目睹的事实融入教育教学中，让上大学子深入了解国家与民族的危难。授之以渔，是上海大学教师队伍的普遍特点。理论联系实际，上海大学的教师们常以自身经历和看法与学生深入交流，促进学生对知识的理解和应用。我不仅深感优秀教学传统的渗透力、传承力，更感到无比的荣幸和充满希望。

画传中的配图丰富且珍贵，让我大饱眼福。其中，上海大学的建筑变迁也是值得细品的看点。建筑是一种文化，是时代潮流的体现。如今上海大学宝山校区的建筑设计极具文化底蕴，表现了上海大学一以贯之的对学生的关怀和对教育在日常生活中价值的重视。

如今，我们应该以学习借鉴的眼光汲取历史，应该以审视的眼光打量当下的生活。身为新时代青年，理应带着千禧一代的生气走向更辽阔的原野。书本不是我们唯一了解世界的途径，历史的呈现也有很多维度。实践出真知的道理永远应验，我们要积极投入到现实生活的方方面面中去，在上大校园里，多听多看多观察，多做多学多总结。

时代跨越百年，青春一脉相承。习近平总书记说："中华民族伟大复兴的中国梦终将在一代代青年的接力奋斗中变为现实。"一百年来，中国共青团始终与党同心、跟党奋斗；一百年来，上海大学始终以中国历史悠久的红色学府姿态屹立于东海之滨。有幸成为这两个光荣的组织中的一员，我们更加应该牢记自己的使命与义务，在德智体美劳的多方面发展中播撒青春，在团结一致和互助合作中发扬红色团体的凝聚力，在历史的泱泱大河中以中国青年的坚韧不拔之志镌刻独特的光荣使命，让青春之花在全面建成社会主义现代化强国的火热实践中绚丽绽放！

百年上大，我一往情深

周泓贝

还忆拆封上海大学录取通知书的欣喜，除了老上大校舍的模型，我亦翻开了这厚厚的《百年上大画传》，初读时即被生动的画面吸引，再看时则为沧桑的历史折服，细品后满腔自豪油然而生。

青云发轫校址几迁，百年风华伟业流长

岁月如歌，从1922的革命烽火出发，上海大学在上海闸北青岛路青云里发端，在这里，先进的思想开始启蒙，最初的百余名进步青年汇聚于此，百年风华就此启程。穿过一道又一道门，犹如穿过时间漫长的走廊，无数思想的火花在这里碰撞，无数青春的梦想在这里起航。也许从现在看来，青云里的校舍狭小而古朴，但"华丽"的环境不是学术的必要，于是，老上大的国文、英文、美术教育，就在这狭小而闪耀、温暖而有活力的环境中开展起来。1924年2月，上海大学迁入了公共租界西摩路校址，所幸的是，在今天的宝山校区我仍能一睹

其当年的风华，砖红的墙，别致的篮球场，带小尖顶的洋房，别有一番韵味。但好景不长，始终处于革命烽火之中的上大被国民党反动当局查封，江湾校舍后成为国立劳动大学校舍。

改革开放以来，1994年至今的上海大学风华正茂，有着宝山校区、延长校区、嘉定校区三个校区，校园占地面积200万平方米，校舍建筑面积140万平方米，校内设施一应俱全。从原来狭小而温暖的校舍，到如今广大且充满活力的校区，不同的岁月，同样的青春，同样的朝气。忆往昔，上大正年轻，望今朝，上大正当时。

红色学府革命渊薮，烽火磨砺矢志前行

当1922年上海大学在上海闸北青云路青云里成立，成为中国共产党创办的第一所高等学府。从这一刻起，上大就注定经受烽火的磨砺。1925年5月30日，上大师生参加了南京路大规模反帝示威游行，抗议日本大班枪杀中国工人顾正红，其中，上大400余名学生组成38个演讲团于南京路演讲，当日下午，租界巡捕开枪镇压，上大学生何秉彝在示威游行中中弹牺牲。不久后，上大校舍被万国商团以及英国巡捕武装占领，上大教师主动减薪，维持学校，学生也留沪不散，积极参加各项斗争并向各界宣传，并出版《上大五卅特刊》揭露、控诉帝国主义罪行，鼓动爱国反帝斗争。在此后，上大师生奔走在革命斗争的征程上，不久，国民党反动派发动四一二反革命政变，学校被迫关闭，上大千百名师生流离失所。尽管上大的身躯百孔千疮，但她始终在困难中矢志前行，有着"未惜头颅新故国，甘将热血沃中华"的慷慨气魄。纵观百年征程，无数上大师生将自己的生命献给了民族复兴、九州秀丽，此般丰功伟绩必将彪炳史册。

躬逢盛世幸甚至哉，一往情深追随征程

阅读《百年上大画传》后，我深刻地体会到百年风雨的不易，也同时敬佩上大一代又一代师生的坚持与奋斗，上大在历史中跬步前行，不断自我革新。站在新时代，回望上大，百年积淀熠熠生辉，我更加感受到了一种历史自信，不仅仅是由于上大的悠久传统与红色基因，更是深受这段峥嵘岁月和光辉历史中所透出的奔流不息的新鲜血液的鼓舞，她始终与国家和民族同呼吸，共命运，心连心，奋力书写着自立自强的时代答卷。上大人才济济，综合实力节节攀升，她带着悠久的积淀，朝着新时代的方向追卓越、创一流，为建成世界一流、特色鲜明的综合性研究型大学而奋斗，不忘初心，续写波澜壮阔。

阅读过后，我一往情深，感到身处这座百年学府的荣幸与自豪，对上大爱得更加深沉、更加热烈。我愿用我的大学生活，投入更多的公益实践，参与更多的志愿服务，孜孜不倦刻苦学习，悉心求索投入研究，只为温暖上大的一寸角落，为上大的未来倾注自己有限的温暖与活力，也为这建校百年送上一份祝福。

上善若水，海纳百川，大道明德，学用济世。百年上大的峥嵘岁月与光辉历史，不仅仅停留于这册小小的画传，更是载入了历史的长河，鼓励着接续的上大人踔厉奋发，笃行不怠，续写新的绚丽篇章。我亦一往情深，唯愿上大如月之恒，如日之升，如南山之寿，不骞不崩。

以昨日为舟，向明日而驶
——《百年上大画传》读后感

姜粤天

翻开泛黄的书卷，映入眼帘的是红砖白瓦经风雨洗礼后的积累与沉淀；抬起头来，映入眼中的是红色学府在日光下的灵动与闪耀。

历经波折与浮沉，上海大学才发展成如今模样。通过阅读《百年上大画传》，我才看到了峥嵘岁月里无数青年且歌且行，在风云激荡中奋进；我才知道了我现在享受的新天地，是多少人辛勤耕耘的成果。抚今追昔，一幅幅画面，一个个人物，一段段往事，串联起百年上大激情澎湃的历史画卷……

红色学府，革命渊薮，历史铸造前行的舟。

"北有五四时期的北大，南有五卅时期的上大"。1922—1927年间的上大，充满革命激情，积极投身革命运动，培养了一大批反帝爱国斗争分子：蔡和森发《向导》、恽代英编《中国青年》，宣传和传播马克思列宁主义；邓中夏担教务长之职，沈雁冰任国民运动委员，共同打造中国共产党最活跃的基层组织、革命的坚强堡垒；曹蕴真、龚际飞等先辈利用假期回乡宣传革命，播撒革命火种，帮助各地建立中国共产党地方基层组织；卜士畸、张琴秋助力平民学校建设，开展平民教育工作，深入工人居住区开展工人运动；《民国日报》激情发言、黄仁勇敢向喻育之等人索理惨遭流氓殴打不治身亡、薛卓汉深入农民群体讲学……

若不是先辈们寸积铢累的付出，怎会让革命星火成燎原之势？若没有先辈们夙兴夜寐的久久为功，又怎会有中华大地今日的朗朗清清？我深深为上大先辈们身上浓厚的爱国热情和自强不息的革命精神所感动。

百年上大，奋发前行，时代期待明日的辉煌。

几经变迁，上海大学赓续了红色基因和改革基因，沿着校训精神指引的方向，踏上了新的征程，以创新追求卓越，以包容凝聚力量，在践行上海的城市品格中彰显上大特色。建设上大产业园、科技园区、新型智库；"大国方略"等思政教学创新；社区学院、钱伟长学院的建立……如今，更是增设了多个书院，致力于培养学科视野开阔、能力素养全面、人格健全的卓越创新人才。

我有幸加入了以瞿秋白先生命名的秋白书院。"我是江南第一燕，为衔春色上云梢。"南下求医，不幸被捕，惨遭出卖身份暴露。蒋介石派人多次劝降无果，下令就地枪决瞿秋白先生，而他含笑昂首走上刑场，视死如归。一首《国际歌》荡气回肠，一声枪响令人痛心。"瞿秋白精神"的内涵不会因时代而褪色，反而会因时代的发展而愈加丰富。在新时代，我们秋白书院的学子定要学习"瞿秋白精神"，坚定理想信念，立远大志向；学习革命传统，增强爱国情感；懂得自我批判，规范自身行为。

洞庭湖畔，钟灵毓秀，傍名楼依碧水尽纳湘风楚韵的是我的家乡——岳阳。而范仲淹笔下描绘的岳阳楼，正位于我的故处，因此我从小就受"先天下之忧而忧，后天下之乐而乐"的熏陶。敏敏之中，

"先天下之忧而忧，后天下之乐而乐"也是上海大学的校训之一，让我与上大有了不解之缘。作为新时代的上大学子，我们应胸怀祖国、放眼世界，树立公而忘私的世界观，投身四化建设。同时，我们也要有像先辈们一样"自强不息"的意志，我们虽不用"因鞠躬尽瘁至死而后已"，不用为革命建设抛头颅、洒热血，但同样应当拥有坚持不懈的意志和敢于面对困难的勇气，直面前进道路上的挫折，披荆斩棘、乘风破浪，争做日照雨润下的野草，生生不息。

当今世界正处于百年未有之大变局，我们也处于中华民族伟大复兴的关键时期。上海大学正蓬勃发展，作为上大学子，我们更应有也要有这样的自信——我们能为中华民族伟大复兴贡献自己的力量。以兴趣为指引，以报国为旨归，立鸿鹄之志，养鸿鹄之气，以"先天下之忧而忧，后天下之乐而乐"的态度投身社会主义现代化建设，以"自强不息"的韧劲站立在新时代潮头，捧一颗赤诚之心，让那抹鲜艳的中国红染浸华夏大地，让中国梦的实现为世界所赞叹！

看昨日红色精神，谱今日华夏华章

迪丽达娜·叶盖

细细品读沉甸甸的《百年上大画传》，一幕幕过往如画卷般映现在眼前，那一帧帧图片在我面前滚动，这本画传中承载着的历史记忆使我的眼眶湿润，这座充满革命激情的高等学府，赢得了"文有上大，武有黄埔""北有五四时期的北大，南有五卅时期的上大"等美誉。

我怀着崇敬之心，仔细翻看着每一页，历史的车轮碾过时光，上海大学建校已有百年之久。那些改变了中国的激烈往事，那些革命的洪流和狂飙，也在火光冲天中沉入水底。但这所学府留下的光芒始终不灭，为后来人指明方向。2022年是上海大学建校一百周年，是特别的一年。这个重要的时间节点，更加让我感受到我和上海大学之间的缘分。

1922年10月23日，在风云激荡的年代，由中国共产党与国民党合作创办的高等学府——上海大学横空出世，这也是中国共产党创办的第一所大学。这所红色学府的立校精神便是理论和实践相结合，上海大学在发展中不断总结经验，提高教学质量，紧贴时代需要。1994年5月，上海工业大学、上海科学技术大学、上海大学和上海科技高等专科学校合并，组建为新的上海大学，培养了一大批杰出人才。20世纪20年代上大培养出来的时代先锋，在很大程度上影响了中国革命的进程和发展的方向，在整个革命年代起到了独特的作用。这所推动中国革命历史进程的红色学府是进步思想的传播地和改造社会的实践地。百年的历程，体现了这所红色学府生生不息的红色血脉和传承百年的革命精神。

我们仰望的同一片星空，今朝已换了人间。这红色精神，仍在心中绵延。何为红色精神？它是困境中支撑血肉之躯的刚毅坚卓，是长夜里照亮精神世界的星星灯火，它使得每一个革命者的眼底都闪烁着信仰与担当的光彩，在每一个灰暗的日子里熠熠生辉。君可见，坚韧不拔、自强不息的红色精神，是陈独秀发表文章谴责暴行；是李大钊重视和关心学校的发展，数次到上大发表演讲传播进步思想，起到了鼓励青年奋发向上、追求社会进步的作用。君可见，保家卫国、团结一致的红色精神，是师生在党的领导下勇当五卅运动的先锋；是师生中的党员们积极投身革命运动。君可见，革新进取、勇往直前的红色精神，是师生参加三次工人武装起义，经历血与火的淬炼；是风云激荡中无数青年挺身而出、迎难而上，耕耘出一片新天地。

回首过往，在国家危难之际、民族危亡之时，中国共产党的诞生，如同黎明的曙光普照大地，也是"红色精神"的有力彰显。"党的建设"板块中，我感受到了上海大学重视党建主题教育，加强党的建设和校领导班子建设，取得了令人瞩目的成绩。读到这里，让我想起自己对中国共产党最初的崇拜与热爱来自父亲的影响。父亲是一名有着多年党龄的老党员，他没有举世瞩目的丰功，也没有载入史册的伟绩，却以默默无闻的奉献、点点滴滴的行动，温暖着各族兄弟姐妹们的心，传唱着民族大团结的动人歌谣。他是我心目中的英雄，他常说他做的都是共产党员该做的事。从小他就会教导我，我们今天的幸福生活来之不易，是许许多多共产党员抛头颅、洒热血换来的，这使我对党产生了感激之情，让我意识到我们青年是星星之火，也是党的得力助手和坚实的后备军。长大后，这份情感越发强烈。党的工作实实在在，是村里通的电，是门口修的路，是每座基站翻过了无数山谷送来的网络信号，是每个村落都不会因为遥远而感到孤独。这一路走来，我更是深受了党的恩惠，很荣幸地成为一名上海大学的新生，有机会走出边陲小镇，享受国家优质的教育资源，接受先进的文化教育理念，结交来自各个民族的兄弟姐妹。我感受到了如天山一般厚重的爱，而给予我这一切的，正是我所崇敬的、我所感恩的中国共产党。

"红"是世人为之奋斗的底色，也是上海大学的底色。

"红"是血脉相传的生命，"红"是精神的延续，"红"是蓬勃青春最好的见证。

红色的种子种在心头，以热血浇灌，以希望滋养，渐渐萌发，渐渐生长，在这个可为的时代，引领我们茁壮成长。从小我就把"路漫漫其修远兮，吾将上下而求索"作为座右铭，定会秉持"自强不息；先天下之忧而忧，后天下之乐而乐"的校训精神，坚定红色信仰，传承红色精神。

我们也将被写成历史，所以生逢盛世，当不负盛世。历代英雄打造了这个幸福而不缺温度的社会。我们长在春风里，更应当撑起属于我们自己的一片天，扛起社会主义的大旗，以史为鉴，永葆初心，肩担国家使命，胸怀热血豪情，延续革命道路，续写民族伟业。

青年一代要明白自己肩上所负的重任和使命，要树立敢作为、勇作为的坚定信念，敢于挑重任，不怕苦不怕累。吾辈青年，应该以青春之热血，传承红色精神。愿新时代的青年都能像鲁迅先生所说的，"有一分热，发一分光，就像萤火一般，也可以在黑暗里发一点光，不必等候炬火"。

百年上大，薪火传承
——读《百年上大画传》有感

孟泉翰

时光荏苒，岁月如梭，百年上大，薪火传承。作为中国共产党创办的第一所正规大学，上海大学自建校之日起就与中国共产党和中华民族的命运紧密相连。在那段风雨飘摇，时局动荡的年代里，上大师生坚持中国共产党的领导，同舟共济、守望相助，不畏困难，传承着不畏牺牲、开拓前行的精神。

汪国真曾言："我不去想是否能够成功，既然选择了远方，便只顾风雨兼程。"诚如斯言，这是一种坚持不懈的精神，这是一种不惧困难的前行精神，这也正是那段时光里上大师生的精神写照。

在阅读《百年上大画传》之后，我对于五卅时期有了更加深入细致地了解。了解到了上海大学有着像李大钊、于右任、瞿秋白、邓中夏等贤达，有杨尚昆、王稼祥、秦邦宪、关向应等英杰，并且赢得了"文有上大，武有黄埔""北有五四时期之北大，南有五卅时期之上大"

等盛誉。这些上大前辈为今天的上大留下的最宝贵的财富便是他们的红色基因和永不言败、砥砺前行的精神。这些红色基因和精神也正是现在作为上大人的我们最应该传承和发扬的。

历史，是一个民族所曾经存在过的标志，是历久弥新的，是不可磨灭的，在《百年上大画传》中，我所看到的是一个个为了民族大义而不断奋斗的前辈，是一种薪火相传的精神。

生活在如今没有革命与战争硝烟的时代，先辈们艰苦奋斗、自强不息的精神与事迹，更加激励着我们当代青年，我们当代上大学子自强不息，通过学习、实践与工作，续写属于上大、属于民族和国家的传奇。

1949年后，上海的工业需要向高精尖方向发展，上海大学的前身四校，即上海科学技术大学、上海工业大学、上海大学与上海科技高等学校相继成立，并于接下来数十载在科研、社会、文化等诸多方面取得长足发展，在桃李满天下的同时，也为如今的上海大学奠定了雄厚的基础。《百年上大画传》分别为我们展现了"四校"发展史，图文结合让我们仿佛身临其境，共同见证属于上大的成就和荣誉。在那个建设的年代，"四校"发展史向我们展现着上海大学薪火相传的历史和不断奋斗的精神。

1994年由四校合并组建，新上海大学正式成立。在进入新世纪后，上海大学发展愈加迅速。在看完《百年上大画传》一书后，虽然还没有来到上海大学，但我已迫不及待在网络上查阅上海大学的相关资料。我对于即将到来的大学生活充满了期待，在《百年上大画传》中，出现了越来越多上大学子参加诸如"挑战杯"等国内、国际高水平竞赛并荣获佳绩的喜报；产生了越来越多的创新作品；邀请了诸多国内、世界名流前来演讲，极大开阔了学子们的眼界……这些也正是对于百年上大薪火相传的一种鲜明且重要的体现。

上海大学的校训是"自强不息；先天下之忧而忧，后天下之乐而乐"。钱伟长老校长曾说："上海大学的校训光'自强不息'还不够，还要加上'先天下之忧而忧，后天下之乐而乐'。天下就是百姓，百姓之忧、国家之忧、民族之忧，你们是否放在心上？"这个答案自然是肯定的，时至今日，上海大学的红色基因代代相传，百年的薪火相传一直激励着上大学子在各个领域为民族之振兴、国家之富强孜孜奋斗，永不言弃。作为百年校庆之时入学的我们，不但要继承这伟大的校训精神，更要去发扬和传承上大的红色基因。在当今高速发展的时代，我们立志紧跟时代步伐，在党的指引和领导下，成为建设祖国的栋梁之材。

浩浩浦江，巍巍泮宫；百年上大，踔厉奋发。合上画卷，仿佛已经走过了上海大学百年的历史，在各种图文的展现之下，可以看出百年上大随着时代的脚步不断前行。同时，上海大学的不断进步与发展也是当今中华民族飞速发展的一个缩影，我们正朝着中华民族伟大复兴的宏伟目标奋力前行。

百年上大，代表着其深厚的底蕴和丰富的内涵；薪火相传，代表的是不断传承并不断发展的精神内涵。时代的接力棒已经来到了我们的手上，我们应该做的是不忘初心，薪火相传，不断发展。

我相信，传承百年上大基因，赓续百年上大血脉，我们必将为百年上大增添新的荣光！

数 翻 画 册

曾 心

当我选择上海大学时，还未对上海大学的校史有着充分的了解，当我收到录取通知书礼盒时，沉甸甸的《百年上大画传》压在掌心，仿佛一段蜿蜒涌动的历史被我捧在手中。

一翻，刚拿到画传的我对"百年"有所好奇，怀着探索之心翻开画传的第一章：1922年，在中国共产党以及进步人士的共同努力下，上海大学诞生了，这是中国共产党创立的第一所红色学府。彼时我才知道，在我印象中年轻的"新兴高校"竟和历史悠久的中国共产党息息相关。在当时的时代背景下，上海大学承担着传播马克思主义、传播先进文化的历史使命，翻开百年校史的第一章，仿佛就能看到革命的火种稚嫩却又坚毅无比。

于我而言，我即将进入人生的新篇章，《百年上大画传》随着录取通知书一道寄来，怀抱着我，告诉我："你是一名上海大学的新生了！"强烈的归属感与认同感油然而生。能在这一百年之际成为这个集体的一分子，我顿感无比庆幸与自豪，按捺不住心中熊熊燃烧的奋斗之火。

再翻，经历了刚收到录取通知书的喜悦，这本厚厚的画传似乎被我遗忘在家里的角落，再次翻开是在学姐学长的呼吁下。加入上海大学的群聊需要认证自己的学生身份，而学姐学长给出的认证方式是写出在《百年上大画传》中的某页、某行中的某个字。寻宝般的模式让我大受吸引，激动地翻开一页页铜版纸，翻页的手指却在内容的吸引下速度慢了下来。

后翻，这一次是爸爸怀着好奇翻开这本书，并唤我一起观看。爸爸妈妈一同给我讲述他们在上海生活时与上海大学千丝万缕的联系，我们一起回顾了上海大学从合并组建到逐步开始国际交流和建设的发展历程，我看到了上海大学更鲜活的历史脉络。当这一百年不再仅仅由一本画册概括，而是由长辈的生命历程来丈量的时候，这一百年中的任何一个瞬间都无比艰辛与不易。

前辈们前仆后继地在黑暗中前行，开辟出民族的复兴之路，散发出万丈光芒。

"他们当时迈入上海大学的校园的时候，心中是何等热烈的理想之火呢？"我隔着栏杆与旧校址对望，我的人生一直有爸爸妈妈相伴左右，如今进入大学，爸爸妈妈也帮我准备好了一切，那当年的他们呢？一刹那，我明白了，帮助他们、伴随他们的是胸中的报国志，是体内的民族魂！

直至今日，我再一次翻开这本《百年上大画传》，是在得知江泽民同志逝世的时候，彼时我才了解到，那印在我学生卡上的、刻印在校门口的"上海大学"四个字，是江泽民同志提笔写就的。在此事的激励下，我再次翻开《百年上大画传》，深叹人生之须臾，也庆幸有这么一本画传能够如长江般记载着无穷的历史。上大的全体前辈殷切的期盼和绝对的信任仿佛都凝聚在这四个大字中，警醒着我一路前行。

往后我也时时会翻开这本画册：当我得知我校成立书院并且我属于"秋白书院"时，我会翻开画传寻找瞿秋白的故事；当有人又谈到一段我不了解的、关于上大红色校史时,我会翻开画传细细品读;当知晓历史中有某位党员在上海大学有过一段求学经历时,我便会翻开画传寻找他与上海大学的联系。

我渴望能够成为上海大学燎原之火中的一点,一次次翻开这本沉甸甸的画传,我心中的自豪与兴奋不减,这本画传承载的是历史,而在我手上,它便是接力棒。这本画传会一点一点变得更厚,也总有一天,百年上大的"百"会变意味着二百、三百、四百……里面也终有一页记载着当下的我们,记载着建校百年之际的上大学子的精彩华章。

百年交汇,新时代之浪将我们高高托起,站在巨人的肩膀上我们能看见所有的过去,"百年"意味着一个轰轰烈烈的时代,意味着一首壮烈的史诗在此等待续写新的章节。这就是我的使命,当下的中国是一百年前校舍里藏着的一个看似不可能的梦,是其一砖一瓦看了都会欣慰的盛世。而接下来的一小节,就由我们来完成。

品峥嵘岁月，听历史回响
——《百年上大画传》读后感

蔡宁迅

我翻开这一本厚厚的红色画传，凝望那一帧帧由黑白到彩色的精美图片。上海大学厚重而层次丰富的历史就这样被我捧在手中。从青云里的开端发轫，到北伐时期的革命渊薮；从筹划复校的不懈努力，到新上海大学最终组建……我想，这或许就是历史传承的奥妙之处。

跟随着书页翻动的脚步，我仿佛回到了那个激昂动荡的峥嵘岁月。

20世纪20年代的闸北青岛路青云里是热闹的、生机勃勃的。这里是上海大学的最初建校之地，是进步青年们的热土，是"中国共产党最活跃的基层组织"，是革命的坚强堡垒。开明进步的老师们在这里教授先进的思想，进步的青年们在这里集合、学习、成长。

令我感到无比震撼的是几乎贯穿了画传前半部分的那一张张黑白的人物照片——那是上海大学在那个激荡年代的杰出的校友、老师。

其中，竟有大部分是活跃在中国近代史舞台上的、响当当的历史人物：既有教务长瞿秋白、代理校务主任陈望道、总务长邓中夏这样的革命先驱，也有王文明、俞昌准、沙文求这样的不畏牺牲、舍生取义的"后浪"学生……革命的火种由学生们带往全国各地，马克思主义在中国的大地上生根发芽。"英雄造时势，时势造英雄。"上海大学为祖国培养了多少杰出的英雄儿女，为新民主主义革命的胜利作出了多少贡献，通过这册《百年上大画传》，我有了全新的认识。

记得书中有一幅上海市市长汪道涵给上海大学的题词："育才求精"，令我印象很深刻。从兴建于革命时期的"文有上大，武有黄埔"的红色学府，到为新中国工业发展作出重要贡献的"四校"，再到合并后的新上海大学……虽然校址数次变迁、学校命途多舛，但教育人才、追求精进的初心和使命是永远不变的。这也是上海大学得以发展的关键。

百年建校，百年奋斗。上海大学在百年的历史当中奋斗不止，奉献不止。

1958年至1960年，上海科学技术学院、上海计算技术学院和上海工学院的相继成立，在新中国建立初期为社会主义工业化发展、实现五年计划作出了重大贡献。20世纪80年代，改革春风吹遍神州大地，上海作为对外开放的前沿哨所，进入了经济社会转型发展轨道，需要大批既有理工基础又有人文社会科学专业知识的复合型、应用型人才。在这种背景之下，合并组成新的上海大学成了必然。

新的上海大学的发展源泉在于深化改革。1983年9月，钱伟长校长向干部、教师提出了"怎样在党的教育方针指导下，直接为改革开放中的上海市的经济建设服务"等八个"怎样办"的思考；两年后，他又提出了办大学要"拆掉四堵墙"的著名思想。钱伟长老校长为上海大学的教育教学改革指明了方向。学校与社会、教学与科研、不同学科之间和教与学之间的壁垒被破除了。在钱伟长老校长的带领之下，上海大学创造了伟大的奇迹，取得了长足的进步。

峥嵘的岁月印刻在一代又一代上大学生的记忆当中。我们倾听品鉴历史的回响。

进入新时代，上海大学的学子们在学习进步的路上，达到一个个新的优秀成绩，取得一个个新的突破。在新时代，上海大学发展得更加全面既有与国际社会接轨的国际大师讲坛、国际文化节，又有与名师对话的各种讲座；既有上海进博会中上大志愿者们的服务，又有体育节、艺术节等多姿多彩的文化活动……上海大学是年轻人大展宏图、施展抱负的绝佳舞台。

百年上大，时代情缘。积淀了百年的历史，从老上大到新上大，我们在溯园，在校史博物馆与她跨越世纪邂逅，这隐喻着上大薪火的代代相传。在此时，这峥嵘的历史，这上大华章的续写接力棒已然交到了我们手上。"恰同学少年，风华正茂；书生意气，挥斥方遒。"我在这本画传中读到了峥嵘岁月，听到了上海大学百年的历史回响，更读到了我们青年人的时代担当。在这青春之时代，我们与这青春之学校相逢，更应不负韶华，执笔书写上海大学更加璀璨的华章。

百年精神,一脉传承
——读《百年上大画传》有感

张艺馨

一幅幅珍贵的画面,带我们追忆百年上大的澎湃历程;一个个鲜活的人物,带我们领略薪火传承、生生不息的上大精神。轻轻合上《百年上大画传》,我的内心久久不能平静。一本书,一所高校,一段历史,一群踔厉奋发的青年,伴随书页滑过指尖的,不仅是宏伟壮阔的历史,更是一代代上大人不懈奋斗的精神。

参天之木,必有其根;怀山之水,必有其源。今日上大的灿烂辉煌,离不开革命前辈抛头颅洒热血的牺牲;今日的上大精神,发轫于峥嵘岁月的家国情怀,滋长于挽救民族危亡的革命沃土。

20世纪20年代,上海大学于青云里成立,为了在动荡中维持正常的教学工作,校址几经搬迁。战争年代的上大,无疑是一所充满革命热情的高校。蔡和森、张太雷、沈雁冰等革命志士,先后在上海大学任职任教,充分利用课堂和党的刊物,发表大量文章,传播普及马克思列宁主义。五卅时期，上大师生在党的领导下，积极投身这场伟大的反帝反封建革命运动，赢得了"北有五四时期的北大，南有五卅时期的上大"的美称。在这场运动中，上大学子用生命表明了他们永不向帝国主义低头的决心。历史铭记的不仅有称号美谈，更有平凡人为了革命事业所作牺牲。上大学子不怕牺牲，永不妥协的革命气概，正是上大精神最真实的写照。

奋斗赋予时间意义，创新照亮时代的未来。在中华人民共和国成立后，作为新上大前身的上海工业大学、上海科学技术大学、上海大学和上海科技高等专科学校四所高校陆续成立，为社会主义现代化培育了一大批人才。1994年5月，四校合并，新上海大学正式成立。

如果说挽救民族危亡的家国情怀，是战争年代上大精神的底色。那么，奋斗创新的时代精神，则是新上大对于上大精神的又一种阐发。

为适应时代发展需要，上海大学积极开展教育教学改革。上海大学先后成立知识产权学院、影视艺术技术学院、生命科学学院、上海大学美术学院等新学院，开展思政教学创新，多个课程荣获国家级精品课程。

在学术研究方面，上大人发扬勇于创新，不懈奋斗的上大精神，在多个科研领域取得突破。自理工到人文，1994年至2022年，自首次宽带光纤玻片，到山东滕州岗上遗址和四川广汉三星堆遗址祭祀区项目入选2021年度"十大考古新发现"。每一个难以忘怀的历史时刻，每一个激动人心的重大发现，都见证着上大学子勇于奋斗、开拓创新的伟大精神。

翻开《百年上大画传》，展现在我面前的是上海大学一路走来的宏伟历程，合上《百年上大画传》，充斥在我心中的是身为一名上大学子的无限自豪。从快递员手中接过上海大学录取通知书时，我的内心无限喜悦。我为马上可以走入这样一所旭日初升、蓬勃发展的优秀高校而激动不已。可和录取通知书一起来到我手中的《百年上大画传》，却让我真正走进了这所高校的精神内核。读毕《百年上大画传》，我喜悦与激动的心情中，融合着更为复杂的情感。有抚今追昔的感怀，有展望未来的期待，有对为学校发展、社会进步、家国存亡不懈奋斗的英雄前辈的无限敬仰，有对成为上大精神继承人的无限自豪，更有对于上大人肩上责任的进一步认识。

百年精神，薪火相传。如今传承上大精神的历史使命，已交付在了我们手中。作为新时代的上大学子，我们应认真学习上海大学校史，融汇领悟上海大学精神，做到不忘本来，开拓未来。

上大精神是"苟利国家生死以，岂因祸福避趋之"的家国情怀，是"先天下之忧而忧，后天下之乐而乐"的社会责任，是"奋斗就是生活，人生只有前进的"奋斗热情。上大精神的内核是丰富而又广阔的，上大精神给予我们的力量是不可估量的。

传承精神最好的方式，便是脚踏实地付诸行动。新时代的我们，应努力学习科学文化知识，磨炼科学研究及社会实践能力，为今后投身社会主义现代化建设打下坚实基础。

曾在上海大学任教的沈雁冰先生所言："斗争的生活使你干练，苦闷的煎熬使你醇化，这是时代要造成青年为能担负历史使命的两件法宝。"

上海大学一路走来经历了无数艰难险阻，上大精神也在这种磨炼中铸就。《百年上大画传》让我明白，不惧困难是上大人的本色，面对新时代下的各种挑战，我们仍应秉持上大精神，有一分热，发一分光，能做事的做事，能发声的发声，迎难而上，不懈奋斗！

后 记

《致青春敬百年》一书，是上海大学2022级本科新生对《百年上大画传》一书的读后感，汇集了他们对上大历史的诚挚感悟和自身奋斗方向的期许，是上海大学新一代青年学子赓续红色血脉、励志爱党强国的铿锵宣言，是上海大学把传承红色基因融入思想政治工作的优秀实践成果展示。

历时一年的征集、评审、咨询、修改、汇编、校稿，终将上大学子的肺腑心声统合成书。在本书的编撰过程中，校党委常委、副校长聂清老师多次给予指导，孟祥栋、马成瑶、丁小苜老师负责编撰，胡雅、刘世慧、魏迪、陈美霖、彭嘉仪等负责文稿收集、校对等工作，最终由聂清同志审定。

本书的出版，要感谢作者们的积极投稿，他们将讲好红色故事、弘扬红色精神的爱国情怀凝聚在文字之中，向革命先辈们表达了深切的怀念与诚挚的敬意，向党和国家展示出新一代青年人的历史使命、时代担当和青春风采，为这本书赋予了"灵魂与光芒"。

最后，要特别感谢上海大学出版社、上海大学社区学院为本书的出版提供支持和帮助。

红色血脉，赓续不绝；百年薪火，代代相传。

祝贺上海大学在新的百年征程上，再创辉煌！

本书编写组
2023年7月